AF550325

ELSINOR
VERLAG

Kurt Kusenberg, geboren am 24. Juni 1904 in Göteborg, gestorben am 3. Oktober 1983 in Hamburg. Studium der Kunstgeschichte in München, Berlin und Freiburg; anschließend Kunstkritiker und Redakteur, später Autor für Presse und Rundfunk. Kusenberg arbeitete lange als Lektor bei Rowohlt in Hamburg, wo er die Reihe «rowohlts monographien» herausgab. Seinen Ruhm als Schriftsteller verdankt er vor allem den kurzen Erzählungen, die er ab Mitte der dreißiger Jahre in Zeitschriften publizierte; die erste Sammlung in Buchform, *La Botella und andere seltsame Geschichten,* erschien 1940 bei Rowohlt. Die für diese Ausgabe zusammengestellten 19 Erzählungen entstanden zwischen 1940 und 1972.

Kurt Kusenberg

Herr über Nichts

Sonderbare Geschichten

Herausgegeben von Barbara Kusenberg

Elsinor Verlag

Bibliografische Information der Deutschen Nationalbibliothek
Die Deutsche Nationalbibliothek verzeichnet diese Publikation in der Deutschen Nationalbibliografie; detaillierte bibliografische Daten sind im Internet über www.dnb.de abrufbar.

Neuausgabe im Elsinor Verlag, Coesfeld
2. Auflage 2023

Umschlag und Satz: Elsinor Verlag, Coesfeld
Abbildung auf dem Umschlag:
Kurt Kusenberg um 1980;
mit freundlicher Genehmigung von
© Sebastian Kusenberg (www.sebastiankusenberg.de)

Die Bibliographie wurde zusammengestellt von Johann Bookmeyer.

Printed in Germany
ISBN 978-3-942788-23-6

INHALT

DIE GLÄSERNE STADT

Bautzenberg, eine Stadt in Garnland, zählte etwa fünfunddreißigtausend Einwohner. Seit Menschengedenken hatte sich dort nie etwas zugetragen, das Aufmerksamkeit verdiente – außer den Ereignissen, über die wir hier berichten.

Eines Tages geriet ein ehrbarer Kaufmann namens Kaufmann auf den Gedanken, sich ein Haus aus Glas zu bauen. Der Architekt hatte seine liebe Not damit, denn ihm war auferlegt, keinen anderen Werkstoff zu verwenden, als eben Glas. Das Haus sollte, so forderte es der Bauherr, ganz und gar durchsichtig sein. Nun, der Architekt meisterte das Kunststück. Bloß dort, wo die einzelnen Bauteile sich verzahnten, gab es milchige Stellen; sonst war alles durchsichtig.

Als das Haus fertig stand, zog Herr Kaufmann mit seiner Familie ein; er brachte Möbel aus Glas mit. Und jetzt gab er endlich kund, was ihn bewogen hatte, in einem gläsernen Haus zu wohnen. Er habe, sagte er, nichts zu verbergen und wolle seinen Mitbürgern ein beispielhaftes Leben vorführen: ein redliches, fleißiges, pünktliches Leben.

Nicht nur am Tage, auch des Nachts war das gläserne Haus in allen seinen Teilen gut zu überschauen; sobald es draußen dämmerte, wurden die Räume beleuchtet. Man konnte zusehen, wie die Familie Kaufmann morgens um sechs Uhr aus dem Bett stieg, sich wusch, frühstückte, wie Frau Kaufmann den Vormittag mit Hausputz und Kochen verbrachte, wie die Familie sich um den Mittagstisch scharte, und so fort bis zum Schlafengegehen. Es läßt sich denken, daß der gläserne Bau viele Neugierige anlockte. Ehemänner führten ihre schlampigen Frauen, Ehefrauen ihre trägen oder trunksüchtigen Männer, Eltern ihre ungeratenen Kinder vor das Haus, um die Sünder zu beschämen und sie zu bessern. Die erzieherische Wirkung des Glashauses war unermeßlich.

Im Hinblick auf einige heikle Verrichtungen, die dem Tageslauf des Menschen nun einmal zugeordnet sind, könnte manch Einer die Glaubwürdigkeit dieses Berichtes anzweifeln. Da helfen nur offene Worte. Herr Kaufmann hatte nicht im Sinn, seine Familie zu vergrößern; er besaß einen Sohn, eine Tochter, und damit sollte es sein Bewenden haben. Wenn Herr Kaufmann und seine Frau um zehn Uhr abends den Gutenachtkuß ausgetauscht hatten, legten sie sich nieder und sanken sogleich in den Schlaf der Gerechten. Der kleinste Raum des Hauses war allerdings nicht durchsichtig, doch hielt Herr Kaufmann streng darauf, daß niemand länger als zwei Minuten dort verweilte. Eine Badewanne gab es nicht, und beim Waschen hatte ein jeder darauf zu achten, daß er sich nicht unziemlich entblößte. Nein, hier vermag kein Zweifler einzuhaken. Selbst das Verschwiegene hatte seinen Platz in dieser musterhaften Ordnung.

Das gute Beispiel machte Schule. Bald ließen auch andere Bürger sich Häuser aus Glas bauen und führten ein ebenso exemplarisches Leben. Herr Kaufmann verübelte es ihnen nicht – im Gegenteil, er freute sich darüber, denn dies zu bewirken war ja seine Absicht gewesen. Der Architekt, der das gläserne Haus entworfen hatte (er hieß übrigens Kaufmann) wurde sehr reich, weil die anderen Architekten erst spät erkannten, daß Glasbau mehr sei als eine flüchtige Mode. Mit den Jahren sah man in Bautzenberg fast nur noch Glashäuser. Der Volksmund nannte sie «Kaufmann-Häuser» – nach dem ersten Bauherrn oder nach dem Architekten, das blieb unklar, denn Beide trugen ja den Namen Kaufmann. Die Steinhäuser standen leer, soweit sie nicht abgerissen wurden; sie zu bewohnen, galt als verdächtig.

Daß in Bautzenberg so viel gebaut wurde, brachte das Geld in Umlauf, und die da bauen ließen, hatten Geld genug, denn Fleiß führt rasch zum Wohlstand. Die Stadt blühte auf, sie machte durch ihren Reichtum und ihre guten Sitten von sich reden. Wer seinen Sohn zu einem rechtschaffenen, tüchtigen

Menschen heranbilden wollte, schickte ihn nach Bautzenberg in die Lehre.

Freilich gab es in der Stadt auch Leute, denen die neue Ordnung nicht gefiel. Sie waren – so hieß es – faul, wollüstig und tranken gern. Man hätte es nie geduldet, daß sie ein Glashaus bewohnten, und sie bauten sich auch keines, weil sie nicht beobachtet werden wollten oder weil sie das Geld dazu nicht hatten. Anfangs hausten sie in den paar Steinhäusern, die noch standen, und als der Bürgermeister (er hieß Kaufmann) das Bewohnen solcher Häuser verbot, zogen sie sich wie Maulwürfe unter die Erde zurück, in verlassene Keller und gewölbte Gänge. Was sie drunten trieben, kann man nur mutmaßen; sicherlich nichts Gutes, denn dazu ging es viel zu lustig her, der Lärm war nachts deutlich zu hören. Gottlob war es nur ein kleiner Klüngel, der dem Ruf Bautzenbergs nichts anhaben konnte.

Wenn die Sonne auf die Stadt schien, glitzerte diese wie ein riesiger Diamant; sie schien sich selbst zu preisen. Bei trübem Wetter sah sie jedoch nicht hübsch aus. Glas an Glas, das wirkte ungemein grau, es fehlten die Farben. Die Einwohner traf kein Vorwurf; sie putzten täglich ihre durchsichtigen Häuser und heizten auch an kühlen Tagen nicht, damit das Glas nicht anlaufe. Aber es half nichts: sobald der Himmel bedeckt war, kam es einem vor, als seien die Häuser aus Blei. Dieser Übelstand brachte den Stadtbaumeister Kaufmann auf einen Einfall. Er schlug dem Bürgermeister Kaufmann vor, die Glashäuser mit Spalieren und Kletterpflanzen zu überziehen.

Der Bürgermeister fand den Plan bedenklich. Er fürchtete, die Zierpflanzen könnten allzu üppig ins Kraut schießen und damit den Leitgedanken der Glashäuser gefährden: ihre Durchsichtigkeit. Der Stadtbaumeister beschwor jedoch, man werde die Gewächse so sparsam ziehen und sie so streng stutzen, daß der Einblick in die Häuser nicht die geringste Minderung erleide; ihm ging es um das farbige Lineament, um grüne Streifen und bunte Blütentupfen. Allein mochte der Bürgermeister nicht entscheiden. Er rief die Ratsherren zusammen und trug ihnen den Fall vor. Zu seinem Erstaunen fand sich eine Mehrheit für das verwegene Unternehmen. Ihr Wortführer, Fabrikant Kaufmann, verglich die Stadt mit einer Kristallvase, die auf Blumen warte, er wandte sich an den Schönheitssinn der Bürger. Ob die Ratsherren nun Schönheit wollten oder Abwechslung, läßt sich hinterher nicht ausmachen. Jedenfalls bewilligten sie die Neuerung, und der Stadtbaumeister wurde ermächtigt, ans Werk zu gehen.

In der Stadt gab es zwei alte Gärtner, die man allgemein für Zwillingsbrüder ansah, weil sie einander glichen und beide Kaufmann hießen; sie waren aber nicht verwandt. Der eine, ein sittenstrenger Mann, hielt es mit der geometrischen Gartenkunst, er pflanzte ebenmäßige Gewächse in Reih und Glied. Der andere hing der englischen Schule an, die bekanntlich auf jede Laune der Natur eingeht; man sagte ihm nach, er verkehre mit dem liederlichen Volk in den Kellern. Es versteht sich, daß der Stadtbaumeister nicht ihm, sondern seinem Namensvetter den Auftrag zugedacht hatte. Wie so viele Menschen in Bautzenberg, verwechselte er jedoch die Beiden und betraute den falschen Mann. Kurz danach erkrankte der Stadtbaumeister, lag monatelang im Spital und konnte die Bepflanzung der Stadt nicht überwachen.

Der alte Gärtner machte sich die Sache leicht. Vor Jahren hatte er aus den Tropen eine Schlingpflanze mitgebracht und sie an das Klima in Garnland gewöhnt; diese Pflanze setzte er vor den gläsernen Häusern ein. Es war eine Freude, mitanzusehen, wie die Setzlinge schon nach zwei, drei Wochen Ranken aussandten, und wie die Ranken an den Glaswänden emporkletterten. Das Teufelszeug wuchs so rasch, daß man es gar nicht glauben mochte. Anfangs hatten die Bewohner ihren Spaß an dem hurtigen Gewächs; später waren sie zu verblüfft, um sich seiner zu erwehren. Die Pflanze wucherte, als gelte es, ein Wunder zu vollbringen. Sie überspann die Glashäuser mit einem Geschling, das von Tag zu Tag dichter zusammenwuchs. Ließ man versehentlich ein Fenster offen, so drang sie dreist ins Zimmer und ringelte sich um die Möbel.

Wie auf Verabredung erwähnte nie jemand die Kletterpflanze, und das war seltsam, denn sie veränderte ja nicht nur das Aussehen der Stadt, sondern auch ihr innerstes Wesen – sie machte die Glashäuser undurchsichtig. Vielleicht hatte der grüne Ansturm die Leute gelähmt; es mag aber auch sein, daß sie sich ihm halb willig überließen, weil sie es leid waren, ständig beobachtet zu werden. Damit war es nun aus, das Dickicht aus Ranken und Blättern verstattete keinen Einblick mehr in die Häuser. Indes ruhte das Gewächs nicht. Es trieb Knospen, die prall anschwollen und sich zu tellergroßen Blüten öffneten, denen ein süßer, betäubender Duft entströmte. Die meisten Bürger ließen jetzt die Fenster offen, damit die Pflanze zu ihnen herein wachse; sie lebten wie im Urwald. Vieles wurde nun anders. Die Leute aus den Kellern galten nicht mehr als Wüstlinge. Man lud sie gern ein und bewunderte ihre Gabe, heiter die Zeit zu vertun. In den Kellern entstanden Kneipen, Tanzstätten und Orte der Lust, die viel Zuspruch fanden. Das unterirdische Bautzenberg erlangte weithin Ruhm in Garnland und wurde ein heimliches Reiseziel der Männer.

Nur das Glashaus des Kaufmanns Kaufmann stand makellos da, durchsichtig wie am ersten Tag. Herr Kaufmann hatte nämlich früh erkannt, wohin der wilde Wuchs führe, und eigenhändig die Schlingpflanze entfernt. Freilich war ihm viel Ärger beschieden, denn nachts zogen Spottlustige in Scharen vor sein Haus und weckten ihn durch ihr Gelächter. Doch er blieb dabei, beispielhaft zu leben. Es war ein harter Schlag, als er dahinter kam, daß seine beiden Kinder einem Geheimbund angehörten, der sich an Malzbier ergötzte und um Geld Karten spielte. Auf sein Drängen rief der Bürgermeister die Ratsherren zusammen. Aber die Sitzung, die sich gegen die Zustände in Bautzenberg richten sollte, wurde eine Niederlage für Herrn Kaufmann. Seite an Seite mit dem Gärtner Kaufmann, der seinerzeit um den einträglichen Auftrag gekommen war, stand er gegen den Bürgermeister Kaufmann, den Stadtbaumeister Kaufmann, den Gärtner Kaufmann, den Fabrikanten Kaufmann und acht weitere Ratsherren, von denen fünf ebenfalls Kaufmann hießen. Sogar der Architekt Kaufmann, der die ersten Glashäuser gebaut hatte, war ins feindliche Lager übergegangen.

VILLA BEI NACHT

An jedem Abend des Jahres, auch wenn es regnete oder schneite, machte Herr Paulsen einen Rundgang um seine Villa. Soweit die Dunkelheit es zuließ, sah er überall nach dem Rechten und begab sich hinterher zur Ruhe. Der Rundgang befriedigte ihn, weil er rund war, weil sein Ende in den Anfang mündete und weil er eine gewisse Überschau bot. Im Grunde stimmte das freilich nicht. Der Rundgang war nicht rund, sondern viereckig, des Hauses wegen, das umschritten wurde, und wahrnehmen konnte Herr Paulsen nur, was ihm in die Augen sprang, also nicht viel.

Auch an diesem Abend machte Herr Paulsen den Rundgang und kehrte zufrieden in seine Villa zurück. Während er sich wusch, überlegte er, ob er zu seiner Frau zärtlich sein solle; da er dies jedoch zehn Tage zuvor getan hatte, ließ er es bleiben. Er gab der Frau einen Kuß auf die Stirn, löschte das Licht und legte sich schlafen, in dem angenehmen Gefühl, daß es um sein Haus, seine Ehe, seine Familie, seine Vermögenslage wohl bestellt sei. Meine Frau, dachte er, ist eine nette Frau, nur bewundert sie mich nicht genug, vor allem nicht meine schönen Hände, das Kindermädchen hat den feineren Blick dafür, sie bewundert auch meine Tochter Isabell, und das ist in der Tat ein reizendes Kind, ein Kind, wie man es sich von einem Manne wünscht ... Indem er dies dachte, schlief Herr Paulsen ein.

Daß er gerade an diesem Abend seine Frau so wenig beachtete, war nicht gut, denn sie hatte ihm heimlich eine Frist gesetzt, und die lief jetzt ab. Die Frau beschloß, sich fortan einen Liebhaber zu halten. Seit Wochen schon überlegte sie, wen sie erwählen solle: den Teilhaber ihres Mannes oder einen Nachbarn, der ihr schöntat. Sie entschied sich für den Nachbarn, weil er so nahebei wohnte. Das Vergnügen über den mutwilligen Entschluß, halb Vorfreude, halb Schadenfreude, vertrieb ihr den Schlaf. Sie lag lange wach, aber schließlich schlummerte sie doch ein.

Im Hause war es still; dennoch regte sich dort manches. Die Katze fraß einen Karpfen auf, der erst am nächsten Tag verzehrt werden sollte, und nicht von der Katze. Davon wurde sie so schwer und tapsig, daß sie ein paar kostbare Gläser vom Küchentisch fegte. Als später die Köchin barfuß in die Küche huschte, trat sie auf die Scherben, verletzte sich und mußte das Bett hüten. Aus der Tiefe der Erde stieg das Grundwasser und drang in den Keller, wo die Kartoffeln lagerten, und sorgte dafür, daß endlich der Hausschwamm in die Mauern geriet. Der Rost in den Leitungsrohren nahm beharrlich zu, es war abzusehen, wo und wann es zum ersten Rohrbruch kommen werde. Ein Termitenvolk, das sich bislang mit einer alten Truhe begnügt hatte, bekam Reiselust und wanderte hinter die Holzverschalung im Treppenhaus. Drei Mottenweibchen taumelten umher und legten ihre Eier in die Teppiche, in den Wintermantel des Hausherrn und in den Pelzmantel der Hausfrau.

Doch zurück zu den Schläfern! Das Kindermädchen träumte vom Hausherrn, sie tat es, gewiß, aber sie meinte nicht ihn, sondern seinen Sohn, der im Zimmer nebenan schlief, und sie meinte auch ihn nicht, sondern einen Jungen aus ihrem Dorf, dem sie sich versagt hatte, als er fünfzehn war und sie vierzehn. Ihn liebte sie, und daß es damals zu nichts gekommen war, gereute sie bis in den Traum hinein.

Der Sohn des Hauses träumte arge Dinge, er vergriff sich an fremdem Gut und brachte Menschen um. Noch vollführte er's so, wie es in billigen Heftchen zu lesen steht, räuberhaft, jungenhaft, aber sieben Jahre danach ging ihm alles geschickt und grausam von der Hand, und er kam ins Zuchthaus.

Die Hausfrau träumte, sie vergieße Tränen, weil ihr Mann ihre schönen Schultern nicht gebührend würdige, auch ihren schönen Mund nicht und ihren schönen Gang. Da streichelte ihr jemand den Rücken. Sie blickte auf und sah den Teilhaber ihres Mannes bei sich stehen; als sie aber genau hinschaute, war es der Nachbar. «Ich bin der neue Teilhaber», sagte er. «Ich habe teil an dir», und er faßte nach ihrer Brust.

Der Hausherr träumte (wie konnte es anders sein?) von dem Kindermädchen. Auf einer weiten, hellgrünen Wiese lief er hinter der Begehrten her, doch sie war schneller als er. Da lösten sich seine Hände von den Gelenken und eilten ihr nach und faßten sie bei der Hüfte. Sie blieb stehen, führte seine Hände zum Mund und küßte sie.

Ja, alle im Haus träumten, nur das Stubenmädchen nicht. Sie ruhte in einem tiefen, traumlosen Schlaf, und das kam daher, daß sie einen treuen Bräutigam besaß oder annahm, sie besitze einen solchen. Sie ahnte nicht, wie unverläßlich der Mann war. Drei Wochen danach, als er ihr den Laufpaß gab, hatte auch sie ihre Träume.

Durch die kleine, stille Straße, an der Herrn Paulsens Villa lag, torkelte ein Betrunkener. Er brabbelte, er kicherte vor sich hin, er fand schlechthin alles komisch, und als seine törichten Gedanken sich mit seiner eigenen Person befaßten, brach er in grelles Lachen aus. Nichts auf der Welt, ging ihm auf, war so komisch wie er; darüber lachte er, daß ihn die Seiten schmerzten.

Sein Lachen weckte die Schläfer nicht, aber es schlich sich in ihre Träume ein. Der Hausherr träumte, sein Kompagnon habe ihn aus dem Geschäft gedrängt und seine Frau entführt. Die Frau im Arm, lehnte der Schurke lachend an der Reling eines großen Dampfers, der soeben in See stach. Daß Frau Paulsen sich nicht für ihn, sondern für den Nachbarn entschieden hatte, wissen wir. Mit der kaufmännischen Untreue des Kompagnons aber hatte es seine Richtigkeit; kurz darauf sah Herr Paulsen seinen Traum bestätigt.

Isabell, des Hausherrn Tochter, träumte ebenfalls von dem Kindermädchen, aber das Kindermädchen war plötzlich ein kleiner Bär oder eine Katze, vielleicht auch ein Katzenbär, den gibt es ja, und der Bruder trieb das drollige, das bedauernswerte Tier mit der Peitsche durchs Zimmer und lachte abscheulich dazu. Das Kindermädchen träumte von dem Jungen aus ihrem Dorf, der nun ein junger Mann war. Sie bot ihm einen Korb mit Früchten an, doch er lachte und schlug ihr den Korb aus der Hand. Die Köchin träumte, man halte sie in einem arabischen Kerker gefangen und weide sich – wie grausam können Araber lachen! – an den Qualen, die der Durst ihr zufügte. Sie erwachte, huschte in die Küche, um ein Glas Wasser zu trinken, und trat in die Scherben.

So standen die Dinge, als der Weltgeist, der alles bedenkt und alles lenkt, Herrn Paulsens Zukunft überprüfte. Dabei fand er, der Arme sei allzu hart betroffen, zumal außer der untreuen Frau, dem üblen Teilhaber, dem verbrecherischen Sohn, dem Hausschwamm und der Termitenplage auch noch vorgesehen war, daß ein Flugzeug auf Herrn Paulsens Villa niederstürzen und sie zur Hälfte zerstören solle. Der Weltgeist tilgte also zunächst das Flugzeug. (Genauer: er teilte es einem anderen Hause zu.) Dann wog er ab, wer von beiden, die Ehefrau oder der Teilhaber, Herrn Paulsen nicht betrügen solle; er entschied sich für die Frau, die ohnedies im Betrügen ungewandter war als der Teilhaber. So kam es, daß Herr und Frau Paulsen hinfort einander mehr Beachtung schenkten.

Mit dem Karpfen, den zerbrochenen Gläsern, den gefährdeten Kartoffeln und den Mottenschäden befaßte der Weltgeist sich nicht. Wohl aber ordnete er an, daß die Termiten Herrn Paulsens Villa verlassen und weiterziehen sollten, in die benachbarte Villa, also zu dem Mann, der Frau Paulsen schöntat und nun doch nicht ihr Liebhaber wurde. Der Hausschwamm hingegen blieb und gedieh; er gehörte zu jenen verborgenen Dingen, die Herr Paulsen nicht wahrnahm, wenn er abends seinen Rundgang machte.

HERR G. STEIGT AUS

Die Erde ist gebirgig, hügelig oder eben, sie ist fruchtbar oder karg. Die Menschen sprechen viele Sprachen, aber sie sagen in allen Sprachen das gleiche. Sie verstehen sich nicht darauf, richtig zu leben; nur das Sterben gelingt ihnen ganz gut. Überall und immer wiederholt sich das alte Spiel – es lohnt nicht, hinzuschauen.

So etwa dachte Herr G., während er in seiner Kutsche durch die Länder rollte. Die Fenster waren dicht verhängt; nie schob Herr G. den Vorhang beiseite, nie schenkte er der Gegend, durch die er gerade fuhr, einen Blick. Er kannte das alles: den leidigen Bilderreigen und das törichte Gespreiz der Menschen. Es war angenehm dämmrig in der Kutsche, es roch nach Leder, nach dem Reisenden und auch ein wenig nach Proviant. Erst wenn es dunkelte, ließ Herr G. die Fenster herab und sog die Düfte, die Gerüche des Landes in sich ein. Er gab mehr auf seine feine Nase als auf seine müden Augen.

Vor Zeiten war auch Herr G. neugierig gewesen, wie jeder Reisende. Denn wozu reist man: wenn nicht, um die Welt zu erforschen? Wo immer ein Ort ihn lockte, hatte er dem Kutscher «Halt!» zugerufen, war ausgestiegen und so lange dort geblieben, bis er vermeinte, er habe ihn gründlich studiert. Später, nachdem die große Unlust ihn befallen, stieg Herr G. nicht mehr aus. Er hieß seinen Sekretär neben den Kutscher sitzen und wies ihn an, durch ein Sprachrohr, das in die Kutsche führte, genau zu melden, was draußen zu sehen sei; damals wollte Herr G. dies noch wissen. Eine Weile danach entließ er den Sekretär; der wortkarge Kutscher genügte ihm, ja, er war ihm schon fast zuviel. Lieber wäre es ihm gewesen, die vier Pferde hätten die federnde Kutsche – ein Meisterwerk englischer Wagenbauer – nach Gutdünken fortbewegt, ohne Zügel, ohne Lenker, irgendwohin. Doch die Pferde waren das

Gängelband gewohnt und bedurften zudem der Wartung; so mußte der Kutscher bleiben.

Nachts hielt der Wagen vor einem beliebigen Gasthof an. Herr G. stieg aus, ließ sich ein Zimmer anweisen und aß allein. Dann machte er Fechtübungen und vollführte allerlei turnerische Kunststücke, eine Stunde lang, damit sein Leib, der tagsüber träge in der Kutsche saß, geschmeidig bleibe. Bereit zu sein: daran lag Herrn G. viel, wenn er auch nicht wußte, warum und wofür er sich bereit halte. Außerdem empfahl sich eine gewisse Rüstigkeit, weil man ja unterwegs mit Raubüberfällen, einem Achsenbruch oder anderen Widrigkeiten rechnen mußte. Nach den Übungen wusch Herr G. sich von Kopf bis Fuß und atmete, ebenfalls eine Stunde lang, die frische Nachtluft tief in seine Lungen ein. Dann trank er, um müde zu werden, zwei Flaschen Wein und schlief ein wenig. Am frühen Morgen, lange vor Sonnenaufgang, ging die Reise weiter.

Es bleibt unerklärt, ob Herr G. gern in der Kutsche saß oder nicht, und weshalb er, anstatt blind durch die Welt zu reisen, sich nicht lieber in eine kleine Kammer einschloß. Vermutlich liebte er die Wagengeräusche: das Rattern und Poltern der Räder, das Knirschen der Ledergurte, das leise Knarren der Deichsel. Herr G. las nie ein Buch, weder auf der Reise noch im Gasthof. Er hielt nichts von Büchern und schmeichelte sich, er wisse alles, was sie enthielten – und noch einiges dazu. Er dachte auch nicht viel nach, denn das hatte er früher gründlich besorgt, in jüngeren Jahren. Für gewöhnlich versank er in Halbschlaf und träumte, er fahre in einer Kutsche über Land; da er's ohnehin tat, hätte er sich eines von beiden, das Träumen oder das Reisen, sparen können. Manchmal redete er mit sich selbst – oder mit einem zahmen Eichhörnchen, das ihn seit einiger Zeit begleitete. Anders als seine Artgenossen, war das Tier sehr ruhig, fast schläfrig; nur deshalb konnte Herr G. es überhaupt ertragen.

Was Herrn G. bewog, sein eintöniges Leben fortzuführen, wissen wir nicht. Mußte er sich nicht sagen, daß er allmählich auf die einsamste, trübsinnigste Art der Welt altern werde – er samt der Kutsche, die seine Wohnstatt war? Vielleicht nährte er eine kleine Hoffnung, denn ganz ohne Hoffnung kann niemand leben. Welche Hoffnung aber? Wir berichteten vorhin, daß Herr G. abends, wenn es dunkel wurde, die Wagenfenster herabließ und die Gegend beroch, doch wir vergaßen zu sagen, daß er dabei eine gespannte Miene machte, als erwarte er etwas Bestimmtes. Herr G. hatte noch eine andere Eigenheit: er zog in einem fort seine Uhr hervor und sah nach, wieviel Minuten seit dem letzten Blick aufs Zifferblatt vergangen waren. Oft zählte er auch laut die Sekunden, um dann nachzuprüfen, ob die Uhr mit ihm oder ob er mit der Uhr Schritt gehalten habe. Im Hinblick auf Herrn G.'s absonderliche Lebensweise waren diese beiden Gewohnheiten, das Schnuppern und das Zeitablesen, freilich keine Eigenheiten, sondern eher das Gegenteil: natürliche Handlungen, die den Verdacht aufkommen ließen, Herr G. habe am Ende doch ein örtliches Ziel, oder er suche der Zeit, die er gemeinhin so achtlos verrinnen ließ, ein Geheimnis abzulauschen.

Eines Tages, während der Fahrt, erschien es Herrn G. plötzlich, die Zeit laufe schneller ab als sonst. Woran er dies spürte, hätte er nicht zu sagen gewußt; er spürte es eben. Er zog die Uhr zu Rate, doch das half ihm wenig, denn es war ja anzunehmen, daß auch ihr Räderwerk sich rascher bewegte. Herr G. wurde unruhig und faßte nach seinem Puls. Dabei entdeckte er, daß das Pochen seines Blutes aufs feinste mit dem Stoßen des linken Hinterrades übereinstimmte. Das war zweifellos etwas Neues. Als wolle es seinem Herrn recht geben, wurde nun das Eichhörnchen gleichfalls unruhig. Es begann, in der Kutsche umherzuklettern, zerrte den Deckel vom Proviantkorb, wühlte in den Speisen, aß aber nichts. Liefen nicht die Pferde anders als bisher? Herr G. hätte schwören können, daß sie tänzelten. Da hörte er – er traute seinen Ohren nicht – den Kutscher droben laut singen. Hatte der Kerl getrunken? Ach wo, so einfach konnte die Erklärung nicht lauten; da griff doch offenbar

Eines ins Andere. Erregt öffnete Herr G. die Wagenfenster. Eine wilde, würzige Luft stieß herein und benahm ihm den Atem. Er riß die Vorhänge zur Seite; draußen lag eine Gegend, die er auf all seinen Reisen noch nie gesehen hatte.

Herr G. lehnte sich aus dem Fenster. «Wo sind wir?» rief er dem Kutscher zu.

«Ich weiß es nicht!» sang der Kutscher. «Herr, ich weiß es nicht – ich weiß es nicht!» Er fand nichts dabei, daß er sang.

In wenigen Sätzen zu sagen, worin die Landschaft sich von anderen Landschaften unterschied, ist so leicht nicht. Sie war ungemein fruchtbar, das stand fest. Ihr Laubwerk glänzte tiefgrün, gelackt, wie nach einem Gewitterregen.

Obwohl kein Wind die Baumkronen anrührte, jagten Wolkenfetzen hastig über den Himmel. Erst als die Pferde im Schritt gingen, bemerkte Herr G. eine seltsame Erscheinung. Er fand heraus, daß die Bäume, die Sträucher *zusehends* wuchsen oder welkten. Hier schossen junge Pappeln empor, als wollten sie es mit Spargeln aufnehmen; dort spann eine Brombeerhecke sich sachte ein, man konnte es genau verfolgen; und drüben warf ein Apfelbaum mit einem Schlag all seine Früchte ab.

Zunächst wollte Herr G. nicht glauben, was er sah, doch er mußte es wohl; er sah wirklich die Pflanzen sprießen und reifen und vergehen. Als die Kutsche wieder schneller fuhr, konnte er das Wunder nicht mehr so gut beobachten, aber er fühlte ganz deutlich, wie die Landschaft um ihn her sich mächtig regte. Das Eichhörnchen gebärdete sich indes wie toll. Er griff nach ihm, um es zu beruhigen. Da krallte es sich an seinem Ärmel fest, blickte ihn starr an und verschied. Herr G., der Leichen nicht mochte, ließ anhalten. Er trug das Eichhörnchen an den Wegrand und hob mit den Händen eine kleine Grube aus. Es war höchste Zeit, denn schon begann das Tier zu verwesen.

Daß er den Leichnam angefaßt hatte, ekelte Herrn G. In dem Wunsch, irgendwo Wasser zu finden, ging er querfeldein, auf ein Wäldchen zu, das bald ein Wald zu werden versprach: so munter wuchs es in die Höhe und in die Breite. Der Weg dorthin war ein bißchen länger, als Herr G. angenommen hatte, er bescherte ihm sonderbare Schauspiele. Ein grünes Kornfeld zur Linken wurde gelb, wurde reif, und als ein Windhauch drüber hinfuhr, legten sich die fruchtschweren Halme müde nieder. Zur Rechten standen Rebstöcke. Ihre Trauben schwollen an, platzten und verströmten roten Saft – sie kelterten sich selbst. Auch in dem Wäldchen lebte und starb sich's rasch. Junge Vögel schlüpften aus dem Ei, breiteten die Schwingen aus und flogen davon; tote Vögel fielen, mit den Tannenzapfen um die Wette, von den Zweigen herab.

Herr G. hatte Glück, er hörte ein Bächlein rauschen und sichtete es auch gleich darauf; er mußte einen steilen Abhang hinabklettern. In dem Augenblick aber, da er seine Hände netzte, wallte das Wasser auf und stieg erschreckend hurtig, als sei eine Springflut gekommen. Herr G. hatte seine liebe Not, sich bergauf zu retten; fast hätte ein Zug schwerer Fische, der gegen seine Beine fuhr, ihn hingeworfen und elend ertränkt. Von oben her, wo unterdes das Wäldchen zum Hochwald geworden war, blickte Herr G. auf einen unbändigen Fluß hinab, der Bäume mit sich fortriß und sie in seinen Strudeln zerfetzte.

Herr G. lief jetzt, er hatte es eilig, die Kutsche zu erreichen. Doch seine Beine waren, allen nächtlichen Übungen zum Trotz, nicht schnell genug. Als er – endlich, endlich! – bei der Landstraße ankam, fand er von seinem Besitz nicht mehr viel vor. Wo der Wagen gestanden hatte, lag nun ein bißchen Kehricht, ein Gemenge aus Holz, Leder und Eisen. Die Pferde hatten eine rechteckige Figur aus Knochen auf dem Boden zurückgelassen. Und der junge Holunderstrauch, der sich da mitten auf der Landstraße breitmachte: zog er etwa seinen Saft aus den sterblichen Resten des Kutschers? Herr G. wußte es nicht und hatte nur wenig Zeit, darüber nachzudenken.

Eine Stunde später keimte dicht bei dem Holunder ein Pflanzenreis hervor, das eine Birke zu werden versprach.

KEIN TAG WIE JEDER ANDERE

Als Herr Gronau, noch im Morgenrock, noch vor dem Frühstück, aus einem Fenster seines stattlichen Hauses blickte, sah er am Himmel zwei Sonnen statt einer einzigen Sonne. Die Entfernung zwischen den beiden Sonnen war nicht groß, und sie hatten fast die Hälfte ihres Anstiegs hinter sich, denn Herr Gronau war kein Frühaufsteher. «Ob es den Tag heller macht?» fragte er sich. «Jedenfalls wird man umdenken müssen.»

Er bereitete sich in der Küche das Frühstück, unwillig, weil er nicht gern den eigenen Diener machte. Er stellte das Nötigste auf ein Tablett und trug es ins Speisezimmer. Dort, am Eßtisch, saß ein Mann, den er nicht kannte, und las in einer Zeitung. Da Herr Gronau vor dem Frühstück nie zu sprechen pflegte, auch mit seinen Mätressen nicht, setzte er sich gleichfalls an den Tisch und nahm den ersten Imbiß ein. Bevor er damit zu Ende war, faltete der Fremde die Zeitung zusammen und steckte sie in eine Jackentasche. Einen Augenblick lang sah es so aus, als wollte er an Herrn Gronau das Wort richten. Doch er unterließ es; Tür für Tür hinter sich zuknallend, verließ er das Haus. Nach dem Frühstück begab sich Herr Gronau unter die Dusche. Diese stieß, wie sonst, ihre dünnen, harten Strahlen aus, aber das Wasser fühlte sich anders an: prickelnder. Herr Gronau hielt es für Selterswasser. Er kostete eine Handvoll davon, dann noch eine. Was da aus der Dusche kam, schmeckte unverkennbar nach Sekt. «Das Wasserwerk», dachte Herr Gronau, «scheint heute spendabel zu sein. Vielleicht feiert es ein Jubiläum.»

Den Weg zum Schlafzimmer nahm er diesmal durchs Arbeitszimmer. Dort lag auf dem Teppich ein Mann wie tot hingestreckt; die Blutlache neben seinem Körper war schon verkrustet. Der Anblick mißfiel Herrn Gronau. Er ging zum

Telefon, rief bei der Polizei an und sagte: «In meinem Haus liegt eine Leiche.»

«Sind Sie der Täter?» fragte der Beamte.

«Nein, ich bin der Hausherr. Ich möchte die Leiche los sein.»

«Das ist begreiflich», sagte der Beamte und ließ sich Herrn Gronaus Adresse geben. «Wir kommen sofort.»

Als Herr Gronau sich ankleiden wollte, bemerkte er ärgerlich, daß all seine Hosen ein langes und ein kurzes Bein hatten, wie für Einbeinige. Rasch entschlossen, zog er zwei Hosen übereinander an. Er sah jetzt ein bißchen sonderbar aus, mit seiner zweifarbenen Hose, aber er fühlte sich bedeckt, und das war die Hauptsache. «Bei den Landsknechten», brummte er, «war das Mode. Warum soll man es nicht wieder aufnehmen?»

Da man nie weiß, ob die Polizei kommt oder nicht und wie lange sie am Tatort blieb, rief Herr Gronau bei der Firma an, in der er arbeitete. «Hier Gronau», sagte er. «Ich fühle mich unpäßlich, es könnte eine Darmverschlingung sein. Bitte rechnen Sie heute nicht mit mir.»

«Wir rechnen überhaupt nicht mit Ihnen», erwiderte die Telefonistin, «weil bei uns kein Herr Gronau tätig ist.»

«Dann sind Sie schlecht unterrichtet. Ich leite eine Abteilung.»

«Davon weiß ich nichts. Sie können also unbesorgt zu Hause bleiben. Guten Tag.»

Herr Gronau legte den Hörer auf. Zwei Minuten später schrillte das Telefon, und als Herr Gronau den Hörer ans Ohr hob, meldete sich abermals die Telefonistin, «Soeben höre ich, daß nächstens ein Lehrling namens Gronau bei uns eingestellt wird. Sind Sie es?»

«Heißt er Robert Gronau?»

«Nein, Archibald Gronau, achtzehn Jahre alt.»

«Das bin ich nicht. Ich heiße Robert Gronau und bin sechsundvierzig Jahre alt.»

«Lehrlinge dieses Alters stellen wir nicht ein. Guten Tag.»

Unruhig ging Herr Gronau durch sein Haus. Er mied das Arbeitszimmer. Er fand, daß es ratsam sei, sich zu rasieren. Die Polizei, das wußte er, hält unrasierte Männer immer für verdächtig; sie sieht in der Unterlassung dieser Pflicht ein Merkmal der Verderbnis.

Der Gang durchs Haus verwirrte Herrn Gronau noch mehr. Er bemerkte, daß die Tapeten tiefe Risse hatten, aus denen kleine Pflanzen sprossen, hängende Gewächse, wie man sie in südlichen Ländern findet. Er öffnete auf gut Glück eine Tür und betrat einen Raum, den er nicht kannte. Mitten im Raum stand eine Sänfte; in der Sänfte saß ein hübsches Mädchen, das vor sich hin trällerte und ihn anlächelte. Er wollte etwas sagen, etwas Höfliches, Galantes, aber das Mädchen legte den Zeigefinger an den Mund, und so schwieg er.

Indem er aufs Fenster zuging, spürte er, daß die Bodendielen elastisch waren. Er hüpfte und wurde hochgeschnellt wie auf einem Trampolin. Als er es zu weit trieb, stieß er mit dem Kopf an die Zimmerdecke und gab einen Wehlaut von sich. Die Hübsche lachte. Er hatte sie ein bißchen belustigen wollen, und nun lachte sie ihn aus.

Vorsichtig, Fuß vor Fuß schiebend, näherte er sich dem Fenster und blickte in den Garten. Die beiden Sonnen waren nicht zu sehen, aber dafür gab es andere Seltsamkeiten. Wo sonst Birken schimmerten, standen riesige Schachtelhalme, fünf bis sechs Meter hoch. «Wie im Paläozoikum», dachte Herr Gronau. «Entwickelt die Vegetation sich zurück?» Doch das war nicht alles. Das Erdbeerbeet trug Aprikosen, es sah aus, als habe jemand Ostereier ausgelegt. An den Aprikosenbäumen hingen Trauben, an den Stachelbeersträuchern Bananen. Nur ein Affenbrotbaum, der vorher noch nie im Garten gestanden hatte, bot die Früchte, die man von ihm erwartete. Herr Gronau schüttelte den Kopf, wohl mehr aus Gewohnheit, denn nichts erstaunte ihn mehr.

Vom Fenster sich abwendend, wollte er dem Mädchen nun doch etwas Liebenswürdiges sagen, da klingelte es. Aha, die

Polizei! Er eilte zur Haustür, öffnete sie und stand vor einem Mann, der ihn bös anblickte. «Ihr Hund hat mich gebissen! Ich verlange Schmerzensgeld.» Der Mann zog das linke Hosenbein hoch und wies auf seine blutende Wunde.

«Ich besitze gar keinen Hund», erwiderte Herr Gronau. «Hunde sind mir ein Greuel.»

«Das wird sich zeigen», sagte der Mann. Er schritt auf einen Schrank zu, der in der Diele stand, und riß die Tür auf. Vier kläffende Köter sprangen heraus, einer häßlicher als der andere, und schossen durch die offene Haustür ins Freie.

«Na also», sagte der Mann. «Wenn Sie kein Wundpflaster herausrücken, melde ich Sie bei der Polizei.»

«Sie können gleich hierbleiben. Ich erwarte die Polizei.»

«Kann ich mir denken – bei solchen Bestien.» Er räusperte sich. «Haben Sie etwas zu trinken?»

«Was Sie wollen. Sekt?»

«Den können Sie in die Badewanne schütten. Geben Sie mir Gin mit Rum.»

In diesem Augenblick hielt vor dem Haus ein großer Wagen, ein Eintonner. Drei oder vier kräftige Männer stiegen aus, kamen herzu, überschritten die Türschwelle, und einer von ihnen sagte: «Wir kommen vom Wasserwerk, Herr Gronau. Sie haben uns herbestellt. Wo fehlt es?»

«Ich habe nicht das Wasserwerk angerufen, sondern die Polizei.»

«Glauben Sie ihm nichts», sagte der Mann, den es nach Gin mit Rum gelüstete. «Er spricht kein wahres Wort.»

«Wir wollen hier nicht herumstehen», sagte Herr Gronau. «Kommen Sie ins Wohnzimmer und stärken Sie sich.»

Das geschah. Herr Gronau stellte das größte Glas, das er besaß, vor den Mann mit der Bißwunde und füllte es halb mit Rum, halb mit Gin. «Bedienen Sie sich», sagte er, «sooft Sie mögen.» Er nahm eine Karaffe, ging ins Bad, füllte sie, kam zurück und schenkte den Männern vom Wasserwerk ein. «Nun, was trinken Sie da?»

«Sekt», sagte einer. «Dünnbier», meinten die anderen.

«Es ist eine Mischung aus beiden», erklärte Herr Gronau. «Sie ist köstlich, ich wollte, ich hätte sie erfunden.» Er holte eifrig drei weitere Karaffen und brachte sie randvoll auf den Tisch.

Plötzlich fiel ihm ein, daß der Lenker des Wagens noch immer im Führerhaus saß. Er ging hinaus und redete den Mann an: «Wir sind, würde ich denken, etwa von gleicher Statur. Verkaufen Sie mir ihre Hose, ich zahle Ihnen einen guten Preis. Oder lassen Sie uns die Hosen tauschen, natürlich nicht unentgeltlich.»

«Ich denke nicht daran», erwiderte der Fahrer. «Ich bin kein Clown.»

«Ich auch nicht. Aber meine Hose sieht man und Ihre nicht, weil Sie im Führerhaus sitzen. Ich erwarte die Polizei und möchte keinen schlechten Eindruck machen.»

«Den machen Sie ohnehin, denn Sie sind nicht rasiert.»

Ein zweifarbiger Wagen glitt heran und hielt. Es war die Polizei, es war sogar die Mordkommission. Fünf Beamte mit steinernen Gesichtern stiegen aus und musterten mißtrauisch zuerst Herrn Gronaus unrasierte Wangen, dann seine Hose.

«Sind Sie der Hausherr?»

«Jawohl.»

«Dann zeigen Sie uns bitte die Leiche.»

Herr Gronau führte die Beamten in sein Arbeitszimmer. Doch da lag kein Toter mehr, und wo sich vorhin eine Blutlache befunden hatte, war jetzt ein grüner Fleck.

Herr Gronau blickte kläglich drein. «Ich begreife das nicht. Die Leiche ist fort, und die Blutlache auch. Geblieben ist nur dieser grüne Fleck. Seit wann ist Blut grün?»

«Was haben Sie gegen Grün?» sagte der Kommissar. «Wir werden einen Rundgang durch das Haus machen.» Das taten sie dann, gründlich.

Im Zimmer mit der Sänfte gab es für die Polizisten eine große und für Herrn Gronau eine kleine Überraschung. Die junge Person, die noch immer in der Sänfte saß, hatte sich ihrer Kleider entledigt. Sie war nackt, soweit man es durch die beiden Fenster der Sänfte sehen konnte, sie lächelte die Männer zutraulich an.

«Ihre Freundin?» fragte der Kommissar, nicht ohne Anerkennung. «Weiter!»

Herr Gronau führte die Polizisten in den einzigen Raum, den man noch nicht besichtigt hatte, ins Wohnzimmer. Dort waren die Männer vom Wasserwerk guter Dinge und sangen.

«Soso», sagte der Kommissar. «Sauferei im Mordhaus.»

«Mordhaus?» fragte Herr Gronau. «Es ist ja niemand ermordet worden. Nur mein Teppich hat einen grünen Fleck abgekriegt. Wollen Sie etwas trinken?»

«Gern», sagte der Kommissar. «Damit meine Gedanken sich klären.»

«Was soll es sein?»

«Rum mit Gin.»

Herr Gronau ging zu dem Mann mit der Bißwunde, der schlafend auf einem Stuhl saß. Viel hatte er nicht getrunken, für den Kommissar blieb genug. Auch die anderen Polizisten lehnten ein Glas nicht ab und tranken im Stehen. «Sekt», sagten die einen. «Dünnbier», die anderen. Nun zeigte sich im Türrahmen der Fahrer mit finsterer Miene. Die Leute vom Wasserwerk sprangen hastig auf und verließen den Raum. Als entstehe ein Sog, eilten die Polizisten hinter ihnen her. Gleich danach preschten zwei Wagen davon.

Herr Gronau rief seinen Arzt an. Als dieser sich meldete, knurrig wie immer, sagte Herr Gronau: «Herr Doktor, ich glaube, ich werde verrückt – oder ich bin es schon.»

«Es ist der schlechteste Zustand nicht», meinte der Arzt. «Was haben Sie bei sich beobachtet?»

Herr Gronau gab eine Schilderung. Er nahm an, der Arzt werde sie mit Besorgnis aufnehmen, doch er wurde enttäuscht.

«Ich wollte», sagte der Arzt, «mir stieße dergleichen zu. Das ist doch alles recht amüsant, verglichen mit dem eintönigen Leben, das ich führe. Wie ist Ihnen denn dabei zumute?»

«Sonderbar. Aber ich kann nicht sagen, daß ich mich übel befinde.»

«Nur zu!» sagte der Arzt mißgünstig. «Gehaben Sie sich wohl und rufen Sie bitte nicht wieder an.»

Herr Gronau blickte zum Fenster hinaus. Die eine Sonne war rötlich geworden, die andere bläulich. Die Welt draußen wirkte violett oder lila, je nachdem, ob sich Wolken vor die eine oder die andere Sonne schoben. Lange stand Herr Gronau am Fenster. Als es dunkelte, flossen die beiden Sonnen ineinander, es sah aus, als verschlinge die eine die andere – aber welche verschlang welche? «Die Zeit saust», dachte Herr Gronau. «Eben war es noch Vormittag, und nun ist es schon Abend.»

Er wurde plötzlich müde, er wollte ein wenig ruhen. Doch als er das Schlafzimmer betrat, lag in seinem Bett, vertrackt umschlungen, ein Liebespaar. Die beiden jungen Leute starrten den Hausherrn gereizt an. «Sie stören», sagte das Mädchen, und es war das Mädchen aus der Sänfte. «Gehen Sie!»

Herr Gronau ergriff unterwegs eine Flasche Schnaps, begab sich in das neue Zimmer und setzte sich in die Sänfte. Er mochte die Flasche halb geleert haben, da erschienen zwei Lakaien und trugen die Sänfte fort. Dies war das letzte, was Herr Gronau noch wahrnahm.

Am nächsten Morgen erwachte er in seinem Bett. Als er durchs Haus taumelte, im Zickzack von Wand zu Wand, bemerkte er nichts Ungewöhnliches. Jedes Ding stand an seinem Ort, und das Wasser aus der Dusche schmeckte wie Wasser.

EIN VERÄCHTLICHER BLICK

Das Telefon summte, der Polizeipräsident nahm den Hörer auf. «Ja?»

«Hier spricht Wachtmeister Kerzig. Soeben hat ein Passant mich verächtlich angeschaut.»

«Vielleicht irren Sie», gab der Polizeipräsident zu bedenken. «Fast Jeder, der einem Polizisten begegnet, hat ein schlechtes Gewissen und blickt an ihm vorbei. Das nimmt sich dann wie Geringschätzung aus.»

«Nein», sprach der Wachtmeister. «So war es nicht. Er hat mich verächtlich gemustert, von der Mütze bis zu den Stiefeln.»

«Warum haben Sie ihn nicht verhaftet?»

«Ich war zu bestürzt. Als ich die Kränkung erkannte, war der Mann verschwunden.»

«Würden Sie ihn wiedererkennen?»

«Gewiß. Er trägt einen roten Bart.»

«Wie fühlen Sie sich?»

«Ziemlich elend.»

«Halten Sie durch, ich lasse Sie ablösen.»

Der Polizeipräsident schaltete das Mikrofon ein. Er entsandte einen Krankenwagen in Kerzigs Revier und ordnete an, daß man alle rotbärtigen Bürger verhafte.

Die Funkstreifen waren gerade im Einsatz, als der Befehl sie erreichte. Zwei von ihnen probierten aus, welcher Wagen der schnellere sei, zwei andere feierten in einer Kneipe den Geburtstag des Wirtes, drei halfen einem Kameraden beim Umzug, und die übrigen machten Einkäufe. Kaum aber hatten sie vernommen, um was es ging, preschten sie mit ihren Wagen in den Kern der Stadt.

Sie riegelten Straßen ab, eine um die andere, und kämmten sie durch. Sie liefen in die Geschäfte, in die Gaststätten, in die Häuser, und wo sie einen Rotbart aufspürten, zerrten sie ihn fort. Überall stockte der Verkehr. Das Geheul der Sirenen erschreckte die Bevölkerung, und es liefen Gerüchte um, die Hetzjagd gelte einem Massenmörder.

Wenige Stunden nach Beginn des Kesseltreibens war die Beute ansehnlich; achtundfünfzig rotbärtige Männer hatte man ins Polizeipräsidium gebracht. Auf zwei Krankenwärter gestützt, schritt Wachtmeister Kerzig die Verdächtigen ab, doch den Täter erkannte er nicht wieder. Der Polizeipräsident schob es auf Kerzigs Zustand und befahl, daß man die Häftlinge verhöre. «Wenn sie», meinte er, «in dieser Sache unschuldig sind, haben sie bestimmt etwas anderes auf dem Kerbholz. Verhöre sind immer ergiebig.»

Ja, das waren sie wohl, jedenfalls in jener Stadt. Man glaube jedoch nicht, daß die Verhörten mißhandelt wurden; so grob ging es nicht zu, die Methoden waren feiner. Seit langer Zeit hatte die Geheimpolizei durch unauffälliges Befragen der Verwandten und Feinde jedes Bürgers eine Kartei angelegt, aus der man erfuhr, was ihm besonders widerstand: das Rattern von Stemmbohrern, grelles Licht, Karbolgeruch, nordische Volkslieder, der Anblick enthäuteter Ratten, schlüpfrige Witze, Hundegebell, Berührung mit Fliegenleim, und so fort. Gründlich angewandt, taten die Mittel meist ihre Wirkung: sie entpreßten den Befragten Geständnisse, echte und falsche, wie es gerade kam, und die Polizei frohlockte. Solches stand nun den achtundfünfzig Männern bevor.

Der Mann, dem die Jagd galt, befand sich längst wieder in seiner Wohnung. Als die Polizisten bei ihm läuteten, hörte er es nicht, weil er Wasser in die Badewanne strömen ließ. Wohl aber hörte er, nachdem das Bad bereitet war, den Postboten klingeln und empfing von ihm ein Telegramm. Die Nachricht war erfreulich, man bot ihm einen guten Posten im Ausland an – freilich unter der Bedingung, daß er sofort abreise.

«Gut», sagte der Mann. «Gut. Jetzt sind zwei Dinge zu tun: der Bart muß verschwinden, denn ich bin ihn leid, und ein Paß muß her, denn ich habe keinen.»

Er nahm sein Bad, genüßlich, und kleidete sich wieder an. Dem Festtag zu Ehren, wählte er eine besonders hübsche Krawatte. Er ließ sich durchs Telefon sagen, zu welcher Stunde er auf ein Flugzeug rechnen könne. Er verließ das Haus, durchschritt einige Straßen, in die wieder Ruhe eingekehrt war, und trat bei einem Friseur ein. Als dieser sein Werk verrichtet hatte, begab der Mann sich ins Polizeipräsidium, denn nur dort, das wußte er, war in sehr kurzer Frist ein Paß zu erlangen.

Hier ist nachzuholen, daß der Mann den Polizisten in der Tat geringschätzig angeschaut hatte – deshalb nämlich, weil Kerzig seinem Vetter Egon ungemein glich. Für diesen Vetter, der nichts taugte und ihm Geld schuldete, empfand der Mann Verachtung, und die war nun, als er Kerzig gewahrte, ungewollt in seinen Blick hineingeraten. Kerzig hatte also richtig beobachtet, gegen seine Meldung konnte man nichts einwenden.

Ein Zufall wollte es, daß der Mann beim Eintritt ins Polizeipräsidium erneut dem Polizisten begegnete, der ihn an Vetter Egon erinnerte. Dieses Mal aber wandte er, um den Anderen nicht zu kränken, seine Augen rasch von ihm ab. Hinzu kam, daß es dem Armen offenbar nicht gut ging; zwei Wärter geleiteten ihn zu einem Krankenwagen.

So einfach, wie der Mann es gewähnt, ließ sich die Sache mit dem Paß nicht an. Es half ihm nichts, daß er mancherlei Papiere bei sich führte, daß er das Telegramm vorwies: die vermessene Hast des Unternehmens erschreckte den Paßbeamten.

«Ein Paß», erklärte er, «ist ein wichtiges Dokument. Ihn auszufertigen, verlangt Zeit.»

Der Mann nickte. «So mag es in der Regel sein. Aber jede Regel hat Ausnahmen.»

«Ich kann den Fall nicht entscheiden», sagte der Beamte. «Das kann nur der Polizeipräsident.»

«Dann soll er es tun.»

Der Beamte kramte die Papiere zusammen und erhob sich.

«Kommen Sie mit», sprach er. «Wir gehen den kürzesten Weg – durch die Amtszimmer.»

Sie durchquerten drei oder vier Räume, in denen lauter rotbärtige Männer saßen. «Drollig», dachte der Mann. «Ich wußte nicht, daß es ihrer so viele gibt. Und nun gehöre ich nicht mehr dazu.»

Wie so mancher Despot, gab der Polizeipräsident sich gern weltmännisch. Nachdem der Beamte ihn unterrichtet hatte, entließ er ihn und hieß den Besucher Platz nehmen. Diesem fiel es nicht leicht, ein Lächeln aufzubringen, denn der Polizeipräsident ähnelte seinem Vetter Arthur, den er gleichfalls nicht mochte. Doch die Muskeln, die ein Lächeln bewirken, taten brav ihre Pflicht – es ging ja um den Paß.

«Kleine Beamte», sprach der Polizeipräsident, «sind ängstlich und meiden jede Entscheidung. Selbstverständlich bekommen Sie den Paß, sofort, auf der Stelle. Ihre Berufung nach Istanbul ist eine Ehre für unsere Stadt. Ich gratuliere.» Er drückte einen Stempel in den Paß und unterschrieb.

Lässig, als sei es ein beliebiges Heftchen, reichte er seinem Besucher das Dokument. «Sie tragen da», sprach er, «eine besonders hübsche Krawatte. Ein Stadtplan – nicht wahr?»

«Ja», erwiderte der Mann. «Es ist der Stadtplan von Istanbul.»

«Reizender Einfall. Und nun –» der Polizeipräsident stand auf und reichte dem Mann die Hand – «wünsche ich Ihnen eine gute Reise.» Er geleitete den Besucher zur Tür, winkte ihm freundlich nach und begab sich in die Räume, wo man die Häftlinge vernahm.

Ihre Pein zu kürzen, hatten die Bedauernswerten manches Delikt eingestanden, nur jenes nicht, dessen man sie bezichtigte. «Weitermachen!» befahl der Polizeipräsident und ging zum Mittagessen.

Bei seiner Rückkehr fand er eine Meldung vor. Ein Friseur hatte ausgesagt, er habe am Vormittag einen Kunden auf dessen Wunsch seines roten Bartes entledigt. Den Mann selbst könne er nicht beschreiben, doch erinnere er sich eines auffälligen Kleidungsstückes: einer Krawatte mit einem Stadtplan.

«Ich Esel!» schrie der Polizeipräsident. Er eilte die Treppe hinunter, zwei Stufen mit jedem Satz. Im Hof stand wartend sein Wagen. «Zum Flugplatz!» rief er dem Fahrer zu und warf sich auf den Rücksitz.

Der Fahrer tat, was er vermochte. Er überfuhr zwei Hunde, zwei Tauben und eine Katze, er schrammte eine Straßenbahn, beschädigte einen Handwagen mit Altpapier und erschreckte Hunderte von Passanten. Als er sein Ziel erreichte, erhob sich weit draußen, auf die Sekunde pünktlich, das Flugzeug nach Istanbul von der Rollbahn.

IM FALSCHEN ZUG

Die Eheleute Tiegel, beide hoch in den Siebzigern, warteten auf ihren Tod. Frau Tiegel hatte entdeckt, wie bittersüß es sei, sich von der Welt abzukehren und immerfort ans eigene Ende zu denken – ans Leichenhemd, ans Begräbnis, an den ewigen Schlummer. Auch Herr Tiegel spann sich in solche Gedanken ein. Wenn die Alten spazierengingen, auf Stöcke gestützt, mit kleinen, schlurfenden Schritten, redeten sie über nichts anderes.

Damit man an ihrer letzten Liegestatt nicht spare, hatten die Beiden vorsorglich Särge gekauft, kostbare Leichentruhen aus Nußbaumholz, mit vergoldeten Griffen und Füßen. Die Särge standen in einer Kammer, ihre schweren Deckel waren schräg emporgestützt, derart, daß man hineinschauen konnte wie in aufgeschlagene Betten. Abends, vor dem Schlafengehen, zündete Frau Tiegel vier oder fünf Kerzen an, und die Eheleute weideten sich am Anblick der Särge, die so einladend aussahen und so behaglich. Ungern suchten sie ihr Lager auf; sie hätten viel lieber in den Särgen geschlafen, doch diesen Genuß verboten sie sich. Nur einmal wöchentlich, am Sonntag nachmittag, durfte Einer von ihnen sich in seinen Sarg legen, die Augen geschlossen, die Hände gefaltet, und dann oblag es dem Anderen, zu bekunden, wie feierlich sein Partner sich ausnehme.

Während Herr Tiegel mit seinem Sarg zufrieden war, sann seine Frau unablässig darauf, wie sie den ihren verschönern könne – innen, denn außen lohnte es die Mühe nicht, weil die feuchte Erde ihn ja doch zersetzen würde. Sie nähte Spitzenborten ein, sie heftete Glasblumen an den lila Taft, sie klebte Kristallspiegelchen in den Sargdeckel; das Kopfkissen wechselte sie immer wieder aus, keines war ihr schön genug. Eines Tages aber erstand sie ein herrliches Kissen aus Brokat, das schlechthin nicht zu übertreffen war. Der Wunsch, recht bald auf diesem Kissen zu ruhen, mag Frau Tiegels Heimgang beschleunigt haben – sie starb eine Woche darauf.

Zwischen den Eheleuten galt es von jeher als ausgemacht, daß keiner den Anderen länger als um wenige Tage überleben werde. So kam sich denn Herr Tiegel wie ein Halbtoter vor und überließ alles, was in einem Sterbehaus zu tun ist, einer ältlichen Nichte, die schon seit Jahren bei ihm wohnte. Wie ein grauer Bilderstreifen zog es an ihm vorüber: die aufgebahrte Leiche, die Totenfeier in der Kapelle und die vielen Hände, die nach seiner Hand griffen. Es erschien ihm seltsam und überflüssig, daß er den Witwer spielen mußte, denn seine Stunden waren ja gezählt. Erst hinterher fiel ihm ein, daß er es unterlassen hatte, die Vorgänge so andächtig in sich zu bewegen, wie seine Frau es wohl getan, wenn sie sich in seiner Lage befunden hätte; doch dazu war es nun zu spät. Betrübt, verstört saß er in der Wohnung umher. Allein mochte er nicht ausgehen und mit seiner Nichte erst recht nicht, weil sie sich nicht darauf verstand, gebührlich über den Tod zu reden.

Elf Tage nach dem Begräbnis erhielt Herr Tiegel eine Ansichtskarte von einem Mann namens Mönke, den er vor Jahren auf einer Ferienreise kennengelernt hatte. Herr Tiegel machte sich nicht das Geringste aus ihm, er hätte Herrn Mönke gern vergessen, aber dieser brachte sich immer aufs neue durch Ansichtskarten in Erinnerung. Für gewöhnlich schrieb er aus den Ferien und gedachte scherzhaft der gemeinsam verlebten Ferien von einst; so auch dieses Mal. Herr Tiegel las die launigen Worte mit Mißmut und drehte die Ansichtskarte um. Da war ein schöner, heller Strand zu sehen und dahinter das Meer. Herr Tiegel wurde traurig. «Ich werde sterben», sprach er zu sich, «ohne das Meer gesehen zu haben. Was habe ich überhaupt von dieser Welt gesehen?»

Er stellte die Ansichtskarte aufs Klavier, gegen eine Vase. Den ganzen Tag über blickte er zu ihr hin, zuerst scheu, später ganz unverhohlen, und als es Abend wurde, kam ihm ein

Gedanke. «Was hindert mich denn, ans Meer zu fahren? Die Reise ist nicht lang, ich werde sie eben noch überstehen. Wenn ich das Meer gesehen habe, will ich zufrieden sterben.»

Die Nichte hatte nichts dawider. Im Gegenteil, es war ihr lieb, den grämlichen, todsüchtigen Alten ein Weilchen lang nicht erdulden zu müssen. Sie packte ihm ein Köfferchen, leicht genug, daß er es tragen könne, und brachte ihren Onkel zum Bahnhof.

Solange der Zug noch stand, war Herr Tiegel versucht, rasch auszusteigen und wieder nach Hause zu gehen; er hatte Angst vor dem Unternehmen. Als aber die Fahrt begann, ein Gleiten anfangs, ein Wiegen dann, ein Sausen und Poltern, wurde ihm wohler zumute. Doch der freundliche Zustand hielt nicht vor; als ein Schaffner die Fahrkarten überprüfte, stellte es sich heraus, daß Herr Tiegel im falschen Zug saß. Anstatt sich dem Meer zu nähern, entfernte er sich von ihm.

Den Mitreisenden tat der alte Herr leid, der nun zwei Stunden hindurch – vorher hielt der Zug nicht – in die verkehrte Richtung fuhr. Zudem stand es schlecht um die Weiterreise. Wie immer man den Fahrplan befragte, es blieb dabei, daß Herr Tiegel auf der nächsten Station fünf Stunden verwarten mußte. Zweimal zwei und fünf dazu: neun Stunden unnützen Reisens waren dem Greis auferlegt – welches Ungemach in seinem hohen Alter! Herr Tiegel sah sich auf einmal von lauter guten Menschen umgeben; man reichte ihm gebratenes Huhn, Früchte und ein Schnäpschen, man verkürzte ihm mit Geplauder die Zeit. Er kam gar nicht dazu, die mitgebrachte Wegzehrung auszupacken, und ehe er sich's versah, war die Station erreicht.

Auch dort, im Wartesaal, traf er gutherzige Leute. Sobald man aus den ängstlichen Fragen des Alten, wann und wo der richtige Zug abfuhr, sein Mißgeschick erraten hatte, wurde er gastlich versorgt. Die Reisenden wetteiferten darin, ihn mit spaßigen Erzählungen zu unterhalten, damit er das lange Warten nicht spüre; sie hörten sich sogar geduldig eine ziemlich langweilige Geschichte an, die er selbst vorbrachte, und als die fünf Stunden um waren, geleiteten sie ihn an den Zug, an den richtigen.

Es war inzwischen Nacht geworden. Herr Tiegel konnte sich seinen Reisegefährten nicht mitteilen, leider, denn sie schliefen. Er hätte wohl daran getan, ebenfalls zu schlafen; er war müde, zugleich aber aufgekratzt. Der wechselvoll verbrachte Tag ging ihm im Kopf herum, er empfand nachträglich Vergnügen an seiner Irrfahrt, am Reisen überhaupt und vor allem am Umgang mit Menschen, die sich um ihn kümmerten. «Wozu», überlegte er, «fahre ich eigentlich ans Meer? Vielleicht muß ich noch gar nicht sterben. Vielleicht war der falsche Zug ein Wink – ein Wink, das Meer zu meiden.» An der nächsten Station stieg Herr Tiegel hastig aus und wartete, bis ein Zug aus der entgegengesetzten Richtung einlief. Ihm vertraute er sich an. Was sich schon einmal so gut angelassen hatte, mochte auch zum zweiten Mal gelingen.

Es gelang in der Tat. Der Schaffner stellte fest, daß Herr Tiegel im falschen Zug saß, die Mitreisenden bedauerten den Greis, sie boten ihm kleine Leckerbissen an, erkundigten sich nach seinen Verhältnissen, fanden Worte der Trauer für Frau Tiegels Tod und erzählten aus ihrem eigenen Leben. Es fiel Herrn Tiegel schwer, sich von ihnen zu trennen, aber es mußte ja sein, denn er hatte ein anderes Reiseziel als sie.

An der nächsten Station legte Herr Tiegel abermals eine Pause ein, eine freiwillige und gemächliche. Er wusch sich, rasierte sich, zog ein frisches Hemd an und frühstückte in der Gaststätte des Bahnhofs. Das Frühstück bezahlte ein Herr am Nebentisch, nachdem Herr Tiegel ihn beiläufig über sein Mißgeschick unterrichtet hatte. Damit nicht genug, schenkte der Herr ihm ein Kursbuch und lehrte ihn, wie man es handhabe. Noch am Tage zuvor hätte Herr Tiegel sich außerstand erklärt, solch vertrackte Lesekunst zu begreifen. Jetzt, da sie ihm dienlich war, machte er sie sich ohne Schwierigkeiten zu eigen. Das Kursbuch wurde sein Ratgeber.

Denn mit jenem Frühstück fing Herrn Tiegels Reiseleben an. Hinfort bestimmte nicht der Zufall, sondern ein fester Plan, welche Strecke zu fahren und wo umzusteigen sei. Der Schlaf kam nicht mehr zu kurz, überall ließ sich ein Nickerchen halten. Bahnhöfe mit blitzsauberen Waschräumen gab es genug, auch Wärterinnen, die gegen Trinkgeld ein Hemd wuschen oder eine Hose bügelten – Herr Tiegel kam ja alle paar Tage wieder mal vorbei.

Die immer gleiche Szene im Abteil spielte Herr Tiegel vortrefflich. Sein Schreck darüber, daß er den falschen Zug bestiegen habe, wurde immer echter, viel echter als der echte Schreck von einst. Recht gut war auch die gerührt-verschämte Miene, mit der Herr Tiegel die Reisehappen entgegennahm. Er meisterte sie sogar, wenn er enttäuscht wurde: wenn man ihm ein schlichtes Butterbrot reichte oder eine Flasche Limonade.

Es konnte gar nicht ausbleiben, daß die Eisenbahngesellschaft Kunde erhielt von dem wunderlichen Alten, der da unter dem Vorwand, er habe einen verkehrten Zug bestiegen, ständig umherreiste und sich um das Fahrgeld drückte. Hin und wieder geriet Herr Tiegel eben doch an einen Schaffner, der ihn bereits kannte, und so sprach sich die Sache herum. Reisende, die beruflich viel unterwegs waren, kamen Herrn Tiegel ebenfalls hinter die Schliche und hielten Freundschaft mit ihm. Sie vor allem waren es, die überall im Lande von dem reiselustigen Greis erzählten, und ihr Aberglaube machte mit der Zeit aus Herrn Tiegel einen Glücksbringer. Wenn es wirklich stimmte, was sie sagten, war es des öfteren vorgekommen, daß ein Zug, den der Alte verlassen, kurz darauf einen leichten oder schweren Schaden davongetragen hatte, während alle Züge, die Herr Tiegel bestieg, wohlbehalten und außerdem noch besonders pünktlich ihr Ziel erreichten.

Das war so recht eine Geschichte fürs Volk und für die Zeitungen. Es kam dahin, daß furchtsame Menschen eine Reise nur dann antraten, wenn Herr Tiegel mit von der Partie war, und da sich gegen Einbildungen nichts ausrichten läßt, gewann die Eisenbahngesellschaft den Alten dafür, regelmäßig die großen Strecken zu befahren – gegen gute Entlohnung, das versteht sich. Mit diesen Überlandreisen verglichen, waren die Zickzackfahrten von früher geradezu kindisch. Herr Tiegel wußte es so einzurichten, daß er erst im letzten Augenblick auf dem Bahnsteig erschien, als die Ängstlichen ihre Koffer schon wieder ausluden. «Herr Tiegel ist da!» erscholl es den Zug entlang. «Es kann losgehen!» Freundlich grüßend schritt der Alte – er trug jetzt immer eine rote Nelke im Knopfloch und weiße Gamaschen über den Schuhen – zwei Drittel des Zuges ab. Er winkte dem Lokomotivführer zu, dem Zugführer, dem Mann mit der roten Mütze, er rief laut: «Gute Fahrt allerseits!» und stieg ein. Auf die Sekunde pünktlich, glitt der Zug aus der Halle, und alle Reisenden waren guter Dinge, denn Herr Tiegel fuhr mit ihnen.

Es war eine Auszeichnung, im gleichen Abteil zu sitzen wie Herr Tiegel. Der Alte hätte daraus ein kleines Nebengeschäft machen können, doch er tat es nicht, er stieg aufs Geratewohl in den Zug und trat ins erste, beste Abteil. Eine Zeitlang gab er allerdings der ersten Klasse den Vorzug, ihrer bequemen Sitze wegen. Als aber die Reisenden der unteren Klassen aufbegehrten, ließ er sich sogleich wieder bei ihnen sehen, denn er wollte niemanden vergrämen. Verwöhnt wurde er in allen Wagenklassen. Es sprach sich herum, was er gern aß, was er gern trank, was er gern rauchte, und auch an anderen Geschenken fehlte es nie.

Ja, Herr Tiegel hatte eine gute Zeit, er lebte munter in die Zukunft. Ans Sterben dachte er nicht mehr, und wenn ihm gelegentlich einfiel, daß daheim sein Sarg auf ihn warte, trank er eins über den Durst; das half immer. Es war aber auch nicht ungefährlich, denn wie leicht konnte es passieren, daß er sich dabei nun wirklich in den verkehrten Zug setzte.

Eines Morgens, gegen sechs Uhr, wachte Herr Tiegel auf, unruhig und von Kopfschmerzen geplagt. Das Poltern der eisernen Räder, sonst so einlullend, tat ihm weh. «Ich hätte», dachte er, «gestern abend genügsamer sein sollen.» Es war schon hell, merkwürdig hell, und die Landschaft war ganz flach, ein blaßgelber Streifen mit einem silbrigen Rand. «Hier war ich noch nie», stellte Herr Tiegel fest. Er gähnte, betrachtete seine Mitreisenden, die noch schliefen, und überlegte, ob er sich ihnen zu erkennen geben sollte.

Plötzlich erschrak er zu Tode. Er wußte mit einem Mal, daß das Silberne da draußen Gefahr bedeute, und als er langsam den Blick zum Fenster wandte, sah er seine Ahnung bestätigt: ja, da zog sich ein Strand hin, und dahinter glitzerte, perlmuttfarben, das Meer.

Nichts hinderte Herrn Tiegel, auf der nächsten Station einen Zug zu nehmen, der landeinwärts fuhr. Doch eben dies widerstrebte ihm. Er hatte das Empfinden, daß er sich, nach so viel List endlich überlistet, dem Schicksal stellen müsse. War nicht das Meer sein Ziel gewesen von Anbeginn? Nun lag es vor ihm und band ihn mit seinen eigenen Worten.

Als der Zug hielt, stieg Herr Tiegel aus und fand sich in einem kleinen Badeort. Der Feriengäste waren nur noch wenige; am Strand sammelte man die Sitzkörbe ein, denn es ging auf den späten Herbst. Herr Tiegel nahm ein Hotelzimmer; zwei Tage darauf mietete er ein abseits gelegenes Häuschen und telegrafierte seiner Nichte, sie möge ihm sofort den Sarg schicken.

Eine Woche dauerte es, bis der Sarg eintraf, und sie kam dem Alten qualvoll lang vor, denn ihn schreckte der Gedanke, er könne unterdes sterben und in einem anderen Sarg begraben werden. Dann aber stand das vertraute Stück bei ihm, und er wurde ruhiger.

Er ging täglich am Meer spazieren. Bisweilen blieb er stehen, blickte zornig auf das große Wasser hinaus und rief: «So schlag doch zu! So mach ein Ende! Ich hab dich ja nun gesehen.»

Doch es geschah nichts, er fühlte sich wohl, die salzige Seeluft bekam ihm. Nachdem ein Monat verstrichen war, ein schöner, milder Oktober, stieg in Herrn Tiegel die Hoffnung auf, daß es mit dem Sterben vielleicht noch eine gute Weile habe. Er hatte sich eben etwas eingeredet, und nun erwies es sich als falsch.

Welch herrlicher Gedanke! Herr Tiegel beschloß, ihn zu feiern. Er zog sich sorgfältig an, besorgte eine rote Nelke fürs Knopfloch und ging ins Wirtshaus. Dort trank er den ganzen Nachmittag, den ganzen Abend hindurch, bis der Wirt meinte, für Einen allein sei das zuviel, und ihn heimschickte. Drei Stunden brauchte Herr Tiegel, um das Häuschen wiederzufinden. Er hielt – und das war richtig – auf den Nordstern zu, aber der Nordstern torkelte am Firmament umher wie ein trunkener Komet. Zuhaus angelangt, konnte Herr Tiegel einer alten Versuchung nicht widerstehen: er legte sich in seinen Sarg und schlief sogleich ein.

Es wurde ein tiefer Schlaf – so tief, daß Herr Tiegel aus ihm nie wieder erwachte.

DIE AUDIENZ

Der Diktator war im ganzen Land verhaßt, und es fehlte nicht an Männern, die sich gegen ihn zusammentaten. Da jedoch die geheime Polizei alle Bürger streng überwachte, blieben die verschworenen Gruppen klein und wußten nichts voneinander.

Als die Gruppe Tabura erfuhr, der Diktator werde nächstens eine Abordnung von Bauern empfangen, schien ihr das eine gute Gelegenheit. Die sechs Bauern, je einer aus den sechs Bezirken des Landes, würden am Vorabend des Empfangs in der Stadt ankommen, gemeinsam in einem Gasthaus übernachten und am nächsten Morgen vor den Diktator treten. Der Plan war nun folgender: sechs Verschwörer sollten sich gleichfalls in das Gasthaus einmieten, die Bauern überwältigen und an ihrer Statt zur Audienz fahren – zur letzten Audienz des Diktators.

In jedem Landesteil sprach man eine besondere Mundart, und der Diktator kannte sie alle, denn er war Pferdehändler gewesen, ehe er Diktator wurde. Fünf dieser Mundarten glaubhaft nachzuahmen, trauten die Verschwörer sich zu, aber die sechste meisterte keiner; sie hörte sich verquetscht an und gaumig, sie reizte zum Lachen. Da wollte es der Zufall, daß ein auswärtiger Konspirant meldete, er habe für die gerechte Sache einen Mann gewonnen, der alle Mundarten beherrsche, auch jene drollige. In aller Eile schrieb man ihm, er möge den Sprachkünstler schicken.

An dem vorbestimmten Tag trafen die Bauern nacheinander ein, sonntäglich gekleidet, mit gestutztem Haar und als der letzte erschienen war, setzten sie sich zum Abendbrot. Es war ihnen unbehaglich zumute; sie mochten den Diktator nicht und hatten wenig Freude daran, vor einem Mann zu erscheinen, der sie auspreßte. Nachdem sie aber, klagend, wie elend der Bauernstand lebe, und prahlend, wie üppig ihr Boden trage, eine Unmenge Wein getrunken hatten, kamen sie in bessere Laune. Gegen Mitternacht taumelten sie zu ihren Zimmern, sanken ins Bett und schliefen wie die Bären.

Um nicht aufzufallen, hatten die Verschwörer zu unterschiedlichen Zeiten in dem Gasthof Quartier genommen, zwei sogar schon am Abend vorher. Auf ihren Betten sitzend, hörten sie zufrieden das täppische Poltern der Bezechten. Nur eines machte ihnen Sorge: der sechste Mann, der von auswärts erwartete, war noch nicht da. Spät in der Nacht aber klopfte es leise an ihre Türen; da wußten sie, daß er gekommen sei.

Als der Morgen graute, erhoben sie sich und gingen ans Werk. Fünf von ihnen hatten es leicht. Sie drangen in unverschlossene Zimmer, sie knebelten und fesselten ihren Mann, ehe er recht begriff, was ihm geschah. Die Fesseln knüpften sie kundig und sorgsam, damit der Bauer sich nicht vorzeitig selbst befreie. Danach zogen sie die hingestreuten Sonntagsanzüge an und mühten sich, ihr Gesicht dem ihres Opfers anzuähneln. Einen Knebel im Mund, hilflos und zornig, mußten die Bauern ansehen, wie man mit Schminke, Mastix und falschen Schnurrbärten ihr Aussehen stümperhaft nachahmte. Ihr Zorn wurde nicht geringer, als die Verschwörer sie hinterher in den Kleiderschrank sperrten.

Der sechste Verschwörer – jener, der spät in der Nacht eingetroffen war – hatte hingegen kein Glück. Wohl schlich er sich unbemerkt in das richtige Zimmer, wohl fand er einen Schnarchenden vor; als er aber Hand an ihn legte, fuhr der Bauer aus den Laken und schlug ihn blitzschnell nieder. Nun war dieser Bauer, Pedro hieß er, von allen der Jüngste und stark wie ein Ochse – doch das allein erklärt des Verschwörers Niederlage nicht. Es stand vielmehr so, daß Pedro am Vorabend nicht Wein getrunken hatte wie die Anderen, sondern Schnaps. Darum war er jetzt hellwach, bei Kräften und zugleich noch völlig betrunken. Er sprang auf und besah sich den Mann, der da ohnmächtig am Boden lag. Als er in seiner

Linken einen Strick entdeckte, tat er an ihm, was jener vorgehabt, und warf den Gefesselten aufs Bett.

Schlafen mochte er nun nicht mehr. Er wusch sich, rasierte sich, zog seinen Anzug an. Dann fing er Fliegen und ertränkte ihrer vierzehn in der Waschschüssel; darüber verging eine ganze Weile. Um acht Uhr pochte der Hausdiener an die Tür und rief, der Wagen stehe bereit. Schon halb aus dem Zimmer, ging Pedro noch einmal zurück und sperrte den Mann, der so unschön auf seinem Bett lag, in den Schrank. Als er die Treppe hinabstieg, traf er unterwegs seine Zechgenossen. Es kam ihm vor, als hätten ihre Gesichter sich ein wenig verändert; doch er schob es auf den Schnaps, den er in sich spürte, und auf den Wein, der ihnen sicherlich noch zu schaffen machte. Die Verschwörer gaben ihm freundlich die Hand, sie nahmen ja an, er sei einer der Ihren.

Draußen stand der Wagen, eine gewaltige Staatskarosse, mit sechs Pferden. Während der Fahrt kam kein rechtes Gespräch auf, ein Jeder richtete seine Gedanken auf das gefährliche Vorhaben. Nur Pedro plauderte in seiner gaumigen Mundart unbekümmert vor sich hin, und da die Anderen glaubten, er wolle ihnen zeigen, was er vermöge, mußten sie lachen und gratulierten ihm zu seiner Gabe. Pedro begriff nicht, was sie meinten, aber er lachte mit ihnen und freute sich ihrer Heiterkeit.

Vor dem Palast des Diktators hielt der Wagen. Die Männer stiegen aus und schritten die breite Treppe empor, vorbei an Soldaten, die links und rechts Spalier standen, ihnen zur Ehre, vielleicht auch zur Warnung. Sie gelangten in einen Vorraum, wo sechs junge Offiziere auf sie warteten. Die Offiziere salutierten höflich, aber dann durchsuchten sie die Besucher bis unters Hemd; sie tasteten sogar die Schuhe ab und ließen sich die Mundhöhle zeigen. Zum Glück trug niemand etwas Verdächtiges bei sich, nicht einmal einen Zahnstocher aus Silber, wie sie dortzulande üblich sind. Nur Pedro, der Betrunkene, störte den Ablauf der Visitation. Als der Offizier ihm in den

Mund sah, hauchte er ihm seinen Schnapsatem entgegen, und als Jener ihn abtastete, gab er sich für überaus kitzlig; er wand sich geziert hin und her, kicherte albern und puffte den Offizier in die Seite.

Befremdet sahen die Verschwörer mit an, wie ihr Gefährte sich aufführte; sie schalten sich im stillen, daß sie einen solchen Possenreißer eigens von auswärts hatten kommen lassen. Aber die Offiziere blickten über Pedros einfältige Späße hinweg; sie hafteten nur dafür, daß kein Besucher Waffen bei sich trage. Nachdem dies erwiesen war, führten sie die Männer durch lange Korridore bis an die Tür des Raumes, in dem der Diktator Abordnungen zu empfangen pflegte. Dort standen die Offiziere der Leibwache bereit; ein verwirrendes Salutieren hub an. Die Offiziere salutierten voreinander, vor den Abgeordneten und abermals voreinander. Doch dann war es so weit: die sechs jungen Offiziere hatten die Besucher übergeben, und die Offiziere der Leibwache hatten sie übernommen.

Der im Rang höchste Offizier der Leibwache, ein Oberst, öffnete die Tür und ließ die Besucher eintreten. Sie kamen in einen großen, schmucklosen Saal, der keine Fenster hatte und sehr hell beleuchtet war. Am Ende des Saales saß der Diktator hinter einem Schreibtisch. Davor, aber in gehöriger Entfernung, standen sechs Stühle. Langsam, feierlich, schritten die Männer auf den Diktator zu. Als sie bei den Stühlen angelangt waren, erhob er sich und winkte ihnen, Platz zu nehmen; nie gab er jemandem die Hand. Der Diktator war ein stämmiger Mann, bleich, mit schwarzem Haar und schwarzem Bart; sein dunkler Anzug hatte einen guten Schnitt. Während die Verschwörer sich setzten, hörten sie erleichtert, wie hinter ihnen der Oberst den Saal verließ. Sie hatten schon gefürchtet, die gesamte Leibwache werde sich um den Diktator scharen – und nun waren sie mit ihm allein! Es stimmte also gar nicht, daß er so vorsichtig sei.

Doch es stimmte. Der Mann nämlich, den sie vor sich hatten, war nicht der Diktator, sondern ein Doppelgänger.

An eben diesem Tag sollte erprobt werden, wer den Diktator besser spiele: der Doppelgänger da am Schreibtisch oder ein anderer, der draußen wartete, daß an ihn die Reihe komme. Der Diktator selbst saß nebenan in einer kleinen, dunklen Kammer und beobachtete durch ein verborgenes Fenster die Audienz.

Der Doppelgänger hielt eine Ansprache, die den Tonfall des Diktators leidlich traf. Dann setzte er sich und gab seinen Besuchern das Wort. «Redet offen mit mir», sprach er. «Teilt mir eure Sorgen mit, eure Bedenken, eure Beschwerden. Ich verspreche euch, daß ich alle Mißstände beseitigen werde.»

Da die ganze Diktatur ein Mißstand war, hatte es wenig Sinn, von kleinen Übeln zu reden. Zudem hörte sich die Einladung zur Offenheit verdächtig an; es ging da mehr um ein Aushorchen, und wenn jemand wirklich vorgebracht hätte, was ihn bedrückte, was ihn verdroß, wäre es ihm übel ergangen. Die Verschwörer hatten sich auf das Spiel vorbereitet. Einer nach dem anderen standen sie auf, priesen die Regierung und brachten Beschwerden vor, die des Erwähnens nicht wert waren – so etwa, daß die Fragebogen, die man ihnen regelmäßig ins Haus schickte, viele unnütze Fragen enthielten, oder daß die neu eingeführten Kuhglocken mit dem Staatswappen einen unreinen Klang hatten. Der Diktator hörte sich alles an, mit gewichtigem Kopfnicken, und schrieb Einiges auf.

Pedro war indes nicht nüchterner geworden. Er machte kein Hehl daraus, daß das Gerede ihn langweile. Anfangs rutschte er bloß unruhig auf seinem Stuhl herum, als vertrage er das Sitzen nicht; später gähnte er laut, ohne die Hand vor den Mund zu halten, und schließlich kam ihm ein kindischer Einfall: jedes Mal, wenn der Redende einen Satz schloß, sagte Pedro halblaut, doch vernehmlich: «Punkt. Sehr gut.» Den Verschwörern lief es kalt über den Rücken; die Männer neben Pedro stießen mit dem Fuß nach ihm, aber es half nichts.

Pedros schlechte Manieren hatte der Doppelgänger nicht beachtet; Bauern, dachte er, sind eben Bauern. Den Unfug jedoch, den der Bursche jetzt anstellte, konnte er nicht hinnehmen. Er wies den Störenfried aus dem Saal.

Pedro sprang sofort auf und durchquerte mit langen, lauten Schritten den Raum. An der Tür drehte er sich um und rief: «Beschwerden? Ich beschwere mich, daß man in dieser Stadt schon am frühen Morgen überfallen wird. Schöne Sitten!»

Er hätte sicherlich noch mehr geredet, Ärgeres, aber da öffnete sich die Tür, und der Oberst der Leibwache trat ein.

«Führen Sie den Mann auf die Straße!» rief der falsche Diktator. «Er scheint betrunken zu sein.» Der Oberst schob Pedro hinaus und schloß die Tür.

Man kann sich denken, wie es in den Verschwörern aussah. Nun hatten sie Gewißheit, daß Pedro nicht zu ihnen gehöre, daß er einer von den sechs Bauern war; sie mußten mit dem Schlimmsten rechnen. In dieser Lage bewies der Leiter der Gruppe, ein gewisser Martani, sein kaltes Blut. Er stand auf und sagte, man habe in der Tat am Abend zuvor gezecht, und der Hinausgewiesene sei das Trinken nicht gewohnt. So erkläre sich sein Betragen, so auch der Unsinn, den er geredet. Es sei wohl das Beste, wenn man den Vorfall rasch vergesse und fortfahre; er sei erbötig, den nächsten Redner zu machen. Der Mann am Schreibtisch nickte ihm zu.

Der Oberst brachte Pedro nicht weit. Er beging unterwegs den Fehler, ihn beim Arm zu fassen wie einen Übeltäter, und das vertrug der junge Bauer nicht. Als sie durch einen halbdunklen Gang kamen, schlug Pedro den Oberst nieder; dann schnitt er mit dem Degen den Leibgurt in Streifen und fesselte den Ohnmächtigen – er hatte ja Übung darin. Nachdem er ihm auch den Mund verbunden hatte, mit der seidenen Brustschärpe, lud er sich den Oberst auf die Schultern und suchte nach einem Raum, der als Gefängnis dienen könne. Er öffnete viele Türen, blickte in viele Zimmer und wählte schließlich ein prunkvoll eingerichtetes Kabinett, darin einst die Monarchen sich mit ihren Ministern beraten hatten. Auf den Thron, der dort stand, setzte er den Oberst, streichelte ihm beide Backen, wie zur Abbitte, gab ihm aber hinterher einen Nasenstüber und verließ das Kabinett.

«Wenn man bedenkt», sprach Pedro bei sich, «daß es erst neun Uhr morgens ist, habe ich schon viel getan.» Um zu Hause erzählen zu können, wie der Diktator wohne, entschied er sich für einen Rundgang durch den Palast. Er wanderte treppauf, treppab, über lange und kurze Gänge, er schaute in große Säle und kleine Zimmer. Damit man ihn nicht höre, hatte er seine Schuhe ausgezogen und trug sie in der Hand. Seine Umsicht war lobenswert, doch unnötig, denn alle Palastbeamten und alle Wachtposten waren zu einem Appell befohlen worden, damit keiner die beiden Doppelgänger zu Gesicht bekomme.

Ohne es zu ahnen, gelangte Pedro erneut in die Nähe des Audienzsaales. Als er, vorsichtig, um eine Ecke spähte, sah er etwas Seltsames. Aus einer schmalen Tapetentür glitt der Diktator hervor und blieb wartend stehen. Wenige Minuten später öffnete sich eine andere Tür, eine richtige, größere, und ein zweiter Diktator trat heraus, dem anderen zum Verwechseln ähnlich.

«Wie war ich?» fragte er den ersten Diktator.

«Recht gut», antwortete jener. «Aber der Bauer war auch gut.»

Der zweite Diktator lachte auf. «Betrunkene sind immer gut, sie spielen sich selbst.»

«Los – es geht weiter!» sagte der erste Diktator. Er öffnete die Tür, durch die der Andere gekommen war, und trat ein. Zugleich verschwand der zweite Diktator hinter der Tapetentür.

«Nicht zu glauben!» murmelte Pedro. «Ist es der Schnaps von gestern oder habe ich wirklich zwei gesehen?» Er beschloß der Sache auf den Grund zu gehen.

Unterdessen war im Audienzsaal folgendes geschehen: Wie verabredet, hatte der erste Doppelgänger sich für einen Augenblick entschuldigt und den Raum verlassen, damit der andere Gelegenheit habe, den Diktator zu spielen. Kaum war er draußen, flüsterten die Fünf erregt miteinander, was zu tun sei – zu ihrem Glück so leise, daß der Diktator in seiner dunklen Kammer ihre Worte nicht verstand. Sie fürchteten, der betrunkene Bauer habe unterwegs noch mehr ausgeplaudert und den Argwohn des Obersten geweckt. Ehe sie sich aber einigen konnten, ob man nunmehr den Diktator überwältigen solle oder nicht, erschien der zweite Doppelgänger, setzte sich und forderte sie auf, in ihren Berichten fortzufahren.

Der zweite Doppelgänger faßte seine Rolle ein wenig anders auf als der erste, doch nicht, um jenen auszustechen, sondern weil es seiner Natur entsprach. Er war nicht so kühl wie sein Vorgänger, er gab sich väterlich. Immer wieder unterbrach er die Redenden, ließ sich Einzelheiten genau erklären, und bewies durch Fragen nach dem Ergehen der Familie, nach dem Zustand der Stallungen und des Viehs gütige Anteilnahme. Dieser plötzliche Wechsel im Verhalten des Dikators erschreckte die Fünf, er war ihnen unheimlich. Sie nahmen an, der Diktator sei draußen über alles unterrichtet worden und treibe nun, bevor er zuschlage, ein höhnisches Spiel mit ihnen.

Indes war Pedro durch die Tapetentür eingetreten und befand sich in einem engen, dunklen Raum. So leise hatte er es gemacht, daß die beiden Männer, die ihre Köpfe an ein kleines Fenster drängten, seiner zunächst nicht gewahr wurden. Verblüfft blickte Pedro abermals auf zwei Diktatoren, und als er sich sachte vorwärtsschob, sah er durchs Fenster noch einen dritten im Audienzsaal.

Das ist zuviel, dachte er. «Das ist zuviel!» sprach er laut, und die beiden Köpfe am Fenster fuhren erschrocken herum. Er packte die Männer am Kragen, den einen mit der linken, den anderen mit der rechten Hand. «Jetzt will ich alle drei nebeneinander sehen!»

Im Nu hatte er sie durch die Türen geschafft, in den Saal, und zerrte sie neben den zweiten Doppelgänger, der entsetzt von seinem Stuhl aufsprang. Auch die Verschwörer erhoben sich und starrten auf die drei Diktatoren. Sie begriffen nicht, was ihre Augen sahen, sie hatten die Empfindung, daß alles verloren sei, denn nun mußte ja wohl die Leibwache eingreifen.

In der Tat sprangen die Flügel der großen Tür auf, und die Offiziere drangen ein. Sie kamen aber nicht in der Absicht, dem Diktator beizustehen, sondern sie wollten ihn stürzen. Der Anschlag war schon lange geplant und endlich auf den heutigen Tag festgesetzt worden. In letzter Stunde freilich hatten die Offiziere noch überlegt, ob der Zeitpunkt wirklich gut gewählt sei. Erstens war der Oberst nicht mit im Bunde, und zweitens kamen ihnen die kräftigen Bauern ungelegen. Als aber der Oberst samt dem stärksten Mann abgezogen war und nicht wiederkehrte, hatten sie sich zum Handeln entschlossen.

«Nieder mit dem Diktator!» schrien sie und liefen mit gezogenen Degen auf die falschen Bauern zu.

Die Verschwörer trauten ihren Ohren nicht, doch sie begriffen rasch. «Wir sind keine Bauern, wir sind Verschwörer!» riefen sie. «Nieder mit dem Diktator!»

Erst jetzt bemerkten die Offiziere die drei Diktatoren. Der wunderliche Anblick brachte sie durcheinander, denn sie wußten nichts von den Doppelgängern. Ganz heimlich hatte der Diktator die listige Maßnahme vorbereitet, als einen Schutz gegen alle, denen er mißtraute, und dazu gehörte auch die Leibwache.

Wieder war es jener Martani, der sich als Erster faßte. Er trat auf die drei Männer zu, die einander so erstaunlich glichen, und fragte: «Wer ist denn nun der Richtige?»

«Ich nicht!» riefen alle Drei wie aus einem Munde, und der echte Diktator setzte hinzu: «Ich sehe ihm bloß ähnlich.»

Da bekamen die Doppelgänger es mit der Angst zu tun. Sie deuteten auf den Diktator und riefen: «Der ist es!»

Der Diktator packte den einen Doppelgänger bei der Brust. «Dieser Hundesohn», sprach er, «will mein Verderben, weil er mir Geld schuldet. Er weiß so gut wie ich, daß dieser da –» er zeigte auf den anderen Doppelgänger – «der Richtige ist!»

«Einer lügt», sagte Martani, «und wer das ist, wird sich bald herausstellen.»

In diesem Augenblick hörte man draußen Getrappel von derben Schuhen. Durch die offene Tür polterten die Bauern herein, die sich inzwischen befreit hatten; sie hielten jäh an, als sie die vielen Menschen erblickten. Zwei Offiziere, ein Major und ein Leutnant, mußten lange und umständlich erklären, bis ihnen aufging, was vorgefallen sei. Dann riefen auch sie: «Nieder mit dem Diktator!» und es klang durchaus nicht gezwungen.

Die Offiziere und die Verschwörer nahmen die drei Männer in ihre Mitte und marschierten hinaus; die Bauern folgten ihnen.

Pedro stand allein im Audienzsaal. Er begriff nicht, warum sein Publikum sich von ihm abgewandt hatte, und der dreifache Diktator blieb ihm nach wie vor ein Rätsel. Als er den Saal verließ, krachten im Hof des Palastes die ersten Böllerschüsse, und an den Masten gingen neue Fahnen hoch.

Pedro schüttelte den Kopf. «Ich fürchte», sagte er, «ich bin immer noch betrunken.»

DAS HAUS

Mein Haus in Gant habe ich mir nicht ausgesucht, ich habe es geerbt, von meinen Eltern. Mein Verhältnis zu ihm ist also eher familiär als intim. Zudem betreibe ich dort meine Praxis; ich bin Anwalt. Ganz anders steht es mit dem kleinen Haus in Rinse, das ich vor Jahren gekauft habe; da mag man von Liebe sprechen. Wann immer ich mir freie Tage spendieren kann, miete ich einen Einspänner und kutschiere nach Rinse.

Das Haus hat freilich einen Nachteil: es ist mal da, mal nicht. Wenn es weg ist, erfahre ich das, sobald ich Rinse erreiche. «Disparu!» rufen mir die Leute auf der Straße zu. Meistens kehre ich um; es macht keinen Spaß, ein verwaistes Grundstück zu betrachten. Ich fahre dann wieder nach Gant, in die Obhut des Elternhauses.

Mein kleines Haus hat sich Varianten ausgedacht. Manchmal ist es fast ganz da, doch es fehlt etwas, zum Beispiel die Treppe ins Obergeschoß. Ich gelange nicht ins Schlafzimmer, nicht ins Bad. Ein andermal ist das Erdgeschoß verschwunden, bis auf die Treppe. Dann ruht das Obergeschoß auf zehn jonischen Säulen. In diesem Zustand kann man das Haus bewohnen, aber man fühlt sich dabei nicht wohl.

Bisweilen habe ich, wenn das Haus nicht da war, im Gasthof übernachtet. Ich wollte ausprobieren, ob sich die Rückkehr des Hauses erzwingen lasse, doch es glückte nicht. Besser war eine andere Prozedur. Ich hatte ein Zelt mitgebracht, das ich dort aufschlug, wo sich sonst mein Wohnzimmer befand. Wenn ich am nächsten Morgen erwachte, stand das Zelt im Wohnzimmer, und das ganze Haus war wieder da.

Es kommt auch vor, daß mein kleines Haus nur seinen Standort wechselt; dann muß ich es suchen. Einmal fand ich es im Gemeindewäldchen, auf dem Spielplatz, der zwischen den Lärchen ausgespart ist. Drei Wochen danach stand es auf der Insel, inmitten des künstlichen Sees, den die Gemeinde im Stadtpark angelegt hat. Beides waren hübsche Einfälle, und ich schlief gut in meinem Haus, obwohl es falsch stand.

Man sollte annehmen, der Stadtrat habe sich über die Späße meines Häuschens beschwert. Das war jedoch nicht gut möglich, denn die Absenz von Häusern ist in dieser Kleinstadt nichts Ungewohntes. So oft sahen Bürger sich um ihre Wohnstatt gebracht, auf zwei, drei Tage, daß der Stadtrat eine Halle für Obdachlose errichtet hat. Schön ist es nicht, dort zu hausen, aber wohnlicher als unter freiem Himmel.

Natürlich sprach das Merkwürdige sich herum und zog Fremde herbei. Ärger gab es nur, wenn das Gasthaus verschwunden war. Dann mußten die Neugierigen in der Halle übernachten – falls sie gerade da war.

Es blieb nicht aus, daß ich nachts nur noch von Häusern träumte, genauer: von meinem kleinen Haus. Ich konsultierte einen Arzt. Er nickte nachdenklich. «Das Haus», sprach er, «ist die Anima, die Seele. Kein Wunder, daß die Abwesenheit Ihrer Seele Sie ängstigt.»

«Ich dachte, die Seele ist in uns?»

«O nein», sagte er milde. «Sie ist der Raum, der uns umgibt und schützt, ein Hortus, ein Gehege – oder, wie in Ihrem Fall, ein Haus. Sie sind schutzlos der bösen Welt ausgeliefert, und das macht Sie furchtsam.»

«Wahrscheinlich haben Sie recht. Als mein Haus auf der Insel stand, vom See umgeben, kam ich mir so sicher vor wie in einer Wasserburg.»

«Ich habe immer recht», sagte der Arzt. Nach der Konsultation ging ich mit mir zu Rate: ob ich denn nicht auf das Haus einwirken könne. Wenn es meine Anima war, mußte es doch zugänglich sein, denn wir waren ein Paar. Zuerst beschritt ich den falschen Weg. Ich legte Gelübde ab und versprach Opfer, um das Haus für mich einzunehmen.

Damit es immobil bleibe (jetzt ging mir auf, warum man von Immobilien spricht), bot ich ihm an, mir einen Bart stehen zu lassen, täglich nicht mehr als 80 Zigaretten zu rauchen, nach Mitternacht nicht mehr zu trinken. Das Haus beachtete die Angebote nicht. Ihm war es gleich, was ich tun oder unterlassen werde.

Meine nächste Überlegung war besser. Wenn das Haus, sagte ich mir, meine Seele ist, also etwas Weibliches, müßte es glücken, mich ihr auf männliche Art zu nähern; versuchen wir es doch einmal mit der Eifersucht.

Ich kaufte das Grundstück nebenan und ließ zum Schein ein Rechteck ausschachten, als sollte dort ein zweites Haus entstehen.

Es tat seine Wirkung. Das gereizte Haus wurde ungebärdig, es begegnete meinem Vorstoß mit Narreteien. Es knarrte, knackte, es bebte in den Grundfesten, es lieferte mir sogar einen Riß an der Decke meines Schlafzimmers. Daß dies gerade im Schlafzimmer geschah, bewies, wie richtig ich handelte. Es gab eben doch ein inniges Verhältnis zwischen dem Eigner und seinem Eigentum. Indem ich das Haus bewohnte, durchdrang ich es; näher kann man einander nicht kommen.

Kein Zweifel: das Haus wurde unruhig. Aber nun durfte ich nicht nachlassen, ich mußte die Dinge vorantreiben, selbst wenn es viel kostete. Ich ließ ein zweites Haus bauen. Mein erstes Haus gab kleine, wehmütige Laute von sich, die mitunter an Musik erinnerten, an ein hingehauchtes Adagio. Ja, nun merkte meine Partnerin, daß es mir ernst war.

Seitdem das zweite Haus steht, hat das erste sich nicht fortgerührt. Ich spüre genau, wie es mich umgirrt. Nie, nie wieder wird es sich davonmachen, denn ich könnte ja, ergrimmt, ins andere Haus hinüber wechseln. Mein Haus ist anhänglich geworden: wahrlich eine treue Seele.

EIN DUMMER MENSCH

Es hatte mich seit je gelüstet, einem wirklich dummen Menschen zu begegnen. Nicht, daß ich mich an seiner Dummheit weiden und dabei mein Selbstgefühl kräftigen wollte – nein, ich wollte lediglich bestätigt finden, daß es dumme Menschen gibt. Schwerfällige Geister, einfältige oder geradezu blöde Köpfe kannte ich genug; doch so blitzdumm, wie man es verlangen muß, waren sie wiederum nicht. Vielleicht, sagte ich mir, lernt ein jeder eben nur solche Leute kennen, mit denen er sich versteht; und da es die Dummen nicht anders halten, bleiben sie ganz unter sich. Doch auch das wollte mir nicht recht einleuchten, und schließlich verfiel ich darauf, die vergebliche Suche rühre daher, daß ich meine eigenen Fußtapfen nicht erkenne, mit anderen Worten: daß ich selbst ein dummer Mensch sei. Wie bestechend diese Erklärung auch anmutete – ich mußte sie verwerfen, denn es gehört zum Wesen der Dummheit, nach ihresgleichen nicht zu fahnden. Hinzu kommt, daß ich Maler bin.

Alle meine Vorfahren waren Maler und haben sich mit Pinsel und Farbe redlich durchs Leben geschlagen. Ergriff einer einen anderen Beruf, so stieß die Sippe ihn aus; er mochte dann zusehen, wie er als Richter, Großkaufmann oder Bankier seine Tage beendete. Die Malkunst pflegt sich bei uns vom Vater auf den Sohn oder aber vom Onkel auf den Neffen zu vererben; fehlt die Vererbung, muß Fleiß das Talent ersetzen. Einem Maler zuzutrauen, er sei dumm, verrät eine Unkenntnis, die hart an Dummheit grenzt. Wer nämlich wirklich dumm ist, nimmt alles für bare Münze, und eben das tun die Maler nicht. Es ist also nichts mit den dummen Malern und nichts Dummes mit mir, der ich ein Maler bin.

Was man sich sehnlich wünscht, bleibt einem selten versagt. So kam es denn, daß ich dem dummen Menschen begegnete, als ich just beim Malen war. Ich stand auf einer Wiese, allein zwar, jedoch keineswegs einsam. Etwa hundert Schritt entfernt hatte nämlich mein Onkel Joachim seine Staffelei aufgestellt, und wer über gute Augen verfügte, konnte in gehöriger Entfernung das Samtkäppchen meines Großonkels Ludwig erkennen, der gleichfalls der Malkunst oblag. Da wir nun einmal alle Maler sind, ziehen wir gern rottenweise ins Grüne, einerseits aus Anhänglichkeit, andererseits, weil das Unternehmen auch seine nützliche Seite hat, wie wir gleich sehen werden.

Um mit mir zu beginnen, so hätte ich des Aufenthalts in der Natur nicht bedurft, denn ich mühte mich um ein allegorisches Bild, welches außer nackten Figuren nur ein winziges Bäumlein vorzuweisen hatte. Weil mir jedoch der menschliche Leib in allen seinen Bildungen vertraut ist und ich frische Luft über alles schätze, verlege ich meine Arbeit mit Vorliebe ins Freie. Daß sich mein Großonkel Ludwig in Rufweite befand, war im Hinblick auf die fortschreitende Arbeit gleichfalls günstig, denn ich konnte ihn jederzeit darum bitten, den Hund in mein Bild einzufügen. Ohne einen Hund, das war meines Großonkels unumstößliche Ansicht, sei ein allegorisches Gemälde – es handle sich, um was es wolle – schlechterdings unvollkommen. Da ich nun selbst Hunde nicht glaubhaft darzustellen vermag, lasse ich sie mir von meinem Großonkel malen. Genau genommen, versteht er sich bedeutend weniger darauf als sein Vater, der ein anerkannter Tiermaler war; aber er will es nun einmal so haben, und die Ehrfurcht vor dem Alter heischt, daß ich mich füge. Auch mein Onkel Joachim befaßte sich nicht eigentlich mit der Landschaft, die ihn umgab, sondern war eifrig dabei, mich zu porträtieren. Um alles zu vermeiden, was mich hätte stören können, war er, wie gesagt, hundert Schritt weitab gegangen und suchte die Entfernung durch ein scharfes Fernrohr wettzumachen. Eine solche Arbeitsweise mag befremden, doch sei versichert, daß sie durchdacht war, vermied sie es doch, daß der Porträtist sich in Kleinigkeiten verlor. Der einzige unter uns dreien, der die

Landschaft wirklich nutzte, war mein Großonkel Ludwig. Er malte, was sich dem Auge darbot, uns beide einbegriffen, wiewohl wir auf der Leinwand zu geringen Figürchen zusammenschrumpften. Indem wir nun so standen und malten, nahte sich unversehens der dumme Mensch.

Ich erkannte das Geschenk eines gütigen Zufalls nicht sogleich; doch dauerte es nicht gar zu lange, bis ich merkte, wen ich vor mir hatte. Als mein Pinsel sich gerade damit befaßte, die Leibesformen der Muse Klio gebührlich herauszurunden, spürte ich, daß jemand mein Treiben beobachtete. Ich schaute zur Seite und gewahrte einen Mann, der aufs beste gekleidet war und mit höflicher Neugierde auf das Bild blickte.

«Erlauben Sie», sagte er und lüftete den Hut, «daß ich Ihnen ein wenig zuschaue?»

«Ich kann Sie nicht daran hindern», erwiderte ich abweisend, denn während der Arbeit bin ich am liebsten allein.

Der Mann lachte, wie wenn mir ein prächtiger Scherz gelungen sei. «Nein, das können Sie tatsächlich nicht. Es sei denn», fügte er belustigt hinzu, «daß Sie mich verjagten. Was aber wäre, wenn ich mich nicht verjagen ließe?»

«Dann gäbe es vermutlich eine Prügelei», sagte ich.

«Sehen Sie, etwas Ähnliches hatte ich auch vermutet. Richtig, richtig, es kommt dann meist zu einer Prügelei. Aber doch wohl nicht zwischen uns beiden!» setzte er einschmeichelnd hinzu. «Prügeleien sind eine sehr abstoßende Handlung, die Leuten unseres Schlages übel anstände. Sie sind Maler, scheint mir?»

«Und Sie ein trefflicher Beobachter.»

«Haha!» Wieder wollte er sich vor Lachen ausschütten. «Hahaha! Gewiß, Sie haben recht, man sieht es eigentlich sofort, daß Sie Maler sind, denn Sie malen ja. Übrigens habe ich es von Anfang an gemerkt, ich fragte nur, um ganz sicher zu gehen.»

«Sind Sie es jetzt?»

«Doch, jetzt bin ich meiner Sache völlig sicher, denn Sie haben mir ja gewissermaßen bestätigt, daß Sie Maler sind. Man weiß nämlich oft nicht genau, ob immer alles stimmt.

Meistens stimmt es ja, aber zuweilen eben doch nicht, und dann kommt es leicht zu Mißverständnissen. Die Landschaft zum Beispiel, die Sie da malen, hat für mein Gefühl wenig Ähnlichkeit mit der Natur draußen.»

Ich wandte mich dem Manne zu und erforschte sein Antlitz, weil ich der Meinung war, er wolle mich foppen. Aber es war ihm offensichtlich völlig Ernst mit seinen Worten. «Sind Sie denn blind, Herr?»

«Ich? Nein, bestimmt nicht, jedenfalls ist es mir noch nie aufgefallen. Warum fragen Sie das?»

«Weil jedes Kind sieht, daß ich Figuren male.»

«Figuren?» Er geriet in großes Erstaunen und trat näher. «Ja, es sind Figuren, unbekleidete Figuren, wenn mich nicht alles täuscht. Sehr hübsch, sehr ähnlich, ich wollte, ich könnte dergleichen auch malen. Als ich noch klein war, habe ich einmal eine Kuh gemalt, mit einem Bleistift, wissen Sie. Es war also eher eine Zeichnung, aber immerhin, gemalt war sie doch. Und diese Kuh sah aus wie ein Elefant; niemand erkannte, daß ich eigentlich eine Kuh hatte malen wollen, Alle meinten, es habe ein Elefant werden sollen, obwohl das gar nicht stimmte. Wir haben damals sehr darüber gelacht.»

«Es war ja auch ungemein lustig», sagte ich und beugte mich dicht über die Muse Klio.

«Haha!» lachte er wieder. «Ich sehe, Sie haben wirklich Humor. Ich kenne einen Menschen, dem die schöne Gabe gänzlich fehlt. Mache ich einen Spaß, so lacht er nicht, sondern schaut mich nur nachdenklich an; er hat eben keinen Humor. Jetzt muß ich Sie aber etwas fragen: wo stehen eigentlich die Figuren, welche Sie da malen? Ich schaue mir die Augen aus und kann sie nicht entdecken. Da drüben befindet sich ein alter Herr, der ebenfalls malt, aber soviel ich sehe, ist er völlig bekleidet. Nein, sagen Sie mir ehrlich, wo Sie diese Figuren sehen.»

«Ich sehe sie vor meinem geistigen Auge.»

«Aha!» Er versank in tiefes Sinnen. Schon glaubte ich, es habe ihm die Sprache verschlagen, da meldete er sich wieder.

«Die Figuren sind also gar nicht da, Sie denken sie sich nur aus?»

«So ist es.»

«Eine tolle Leistung», murmelte er. «Ich käme geradezu in Verlegenheit, wenn ich mir nackte Figuren ausdenken sollte, nicht aus Gründen der Scham, sondern weil ich nicht recht weiß, wie sie aussehen. Selbstverständlich habe ich schon unbekleidete Frauen gesehen, oft sogar, denn ich bin kein Kostverächter, aber die Einzelheiten vergißt man eben doch. Übrigens –» jetzt kam ein gespannter Ausdruck in sein Gesicht – «warum malen Sie die Figuren hier im Freien, wo Sie es zu Hause bequemer haben könnten?»

«Weil ich gern an der frischen Luft bin.»

«Ebenso geht es mir, das heißt mit dem Unterschied, daß ich keine Figuren male. Aber der Fall bleibt trotzdem seltsam, ich habe dergleichen noch nie gehört, obwohl ich eine reiche Bildung genossen und mich in der Welt tüchtig umgesehen habe. Sie sind demnach ein Maler, der im Freien Figuren malt, die er auch zu Hause malen könnte?»

«Ja», antwortete ich. «So kann man es ausdrücken.»

Das schien nun wirklich eine harte Nuß für ihn zu sein. Er wurde ganz still, schloß die Augen und dachte angestrengt nach. Eine gute Weile ging hin, ehe er wieder zu reden begann. «Ich glaube, ich habe die Sache jetzt begriffen, und zwar mit Hilfe eines Vergleiches. Vergleiche sind immer gut, sie klären den Tatbestand. Daß Sie hier draußen stehen und Figuren malen, die ein Anderer nicht wahrnimmt, ist genau dasselbe, wie wenn –» er blickte mich durchbohrend an und betonte jedes einzelne Wort – «wie wenn ein Tiermaler nicht bei sich zu Hause, sondern in der freien Natur Tiere malt, die er vor seinem geistigen Auge sieht. Stimmt der Vergleich oder stimmt er nicht?» schloß er triumphierend.

«Er stimmt», sagte ich und warf den Pinsel in den Malkasten, daß es knallte. An Festtagen soll man nicht arbeiten, und dieser Tag war ein Festtag, denn er hatte mir den wirklich dummen Menschen beschert. Kaum bemerkten meine Anverwandten, daß ich die Arbeit abbrach, so taten sie ein Gleiches. Es ist nämlich unter uns Sitte, daß wir dem guten wie dem schlechten Beispiel folgen, sobald einer voranschreitet; vor allem aber pflegen wir gemeinsam heimzuwandern, um die jüngsten Erfahrungen auszutauschen.

«Sie malen nicht weiter?» fragte der Mann, als ich meine Sachen schon alle zusammengepackt hatte.

«Nein», entgegnete ich. «Ich feiere, denn mir ist soeben ein großes Glück widerfahren.»

«Wie schön!» sagte er und freute sich aufrichtig. «Darf man wissen, was es ist?»

«Gewiß: ich bin zum erstenmal in meinem Leben einem dummen Menschen begegnet.»

«Ach nein, ist das aber drollig. Wo trug es sich zu?»

«Hier. Als Sie kamen, war er da.»

«Und dabei habe ich ihn gar nicht bemerkt, jedenfalls nicht mit Bewußtsein. Sollte er am Ende gar auch vor Ihrem geistigen Auge erschienen sein?»

«Ganz und gar nicht», sagte ich und blickte ihn freundlich an. «Er stand so leibhaftig da, wie Sie vor mir stehen – wenn ich den Vergleich anwenden darf.»

«Sie dürfen es», schmunzelte er, «obwohl es nicht eben schmeichelhaft für mich ist. Doch Sie sind ja ein Spaßvogel, wie ich vorhin schon bemerkte. Es fehlte nur noch», mit diesen Worten zog er den Hut und drückte mir die Hand zum Abschied, «daß Sie behaupten, ich sei dumm. Haha, Sie sind tatsächlich ein Spaßvogel!» Lachend schritt er von dannen und wurde seiner Heiterkeit kaum Herr. Ich hörte ihn noch lachen, als er längst nicht mehr zu sehen war.

Trotz seinem hohen Alter und dem langen Weg stieß mein Großonkel Ludwig als erster zu mir.

«Es war ein gesegneter Tag», keuchte er unter der Bürde seines Malerwerkzeugs. «Die Arbeit ging mir gut von der Hand. Brauchst du den Hund heute oder hat es Zeit bis morgen?»

Ich nahm ihm die Staffelei ab. «Nein, Großonkel, er kommt auch morgen noch zurecht. Das Bild ist nämlich nicht viel weiter gediehen, weil mich jemand aufgehalten hat.»

«Da sieht man wieder, wie gut meine Augen noch sind. Es kam mir doch die ganze Zeit über vor, als stünde jemand neben dir. Ich habe auf alle Fälle ein kleines Figürchen draus gemacht, indisch-rot, sieht hübsch aus.»

«Du hast gut daran getan, Großonkel», erwiderte ich. «Solche Figürchen trifft man nicht alle Tage.»

Jetzt kam auch Onkel Joachim an, sehr gemächlich, wie es seine Art war. Er schwenkte das Bildnis in der Hand. «Fertig!» rief er uns schon von weitem zu. «Aber du siehst dir selber gar nicht ähnlich, Junge.»

Das gleiche fand ich auch, als ich die Leinwand betrachtete, denn das gemalte Gesicht trug die Züge des dummen Menschen.

«Du hast den Falschen vors Fernrohr bekommen, Onkel Joachim.»

«Donnerwetter, Junge, das kann sein! Wo standest du, rechts oder links von mir?»

«Rechts, Onkel Joachim, rechts.»

«Ei verflucht», schimpfte der Alte. «Dann habe ich mich tatsächlich verschaut. Aber das tröstet mich, denn nun weiß ich wenigstens, warum es mit der Ähnlichkeit nicht weit her ist. Wen habe ich da eigentlich gemalt?»

«Du hast», sagte ich feierlich, «den dummen Menschen gemalt. Halte das Bild in Ehren, es ist ein wertvolles Stück.»

«Wenn er wirklich den dummen Menschen schlechthin gemalt hat», meinte Großonkel Ludwig, «so ist das eine Allegorie der Dummheit. Es gehört also ein Hund auf das Bild. Soll ich ihn dir malen?»

«Ich wäre dir dankbar», sagte Onkel Joachim. «Aber jetzt gehen wir nach Hause.» Und das taten wir dann.

SO SOLL EIN BUCH NICHT SEIN

Ein Mann namens Scharke saß in seinem Zimmer und las unterm Licht der Stehlampe ein Buch. Es war eine Abhandlung, also keine leichte Kost, und Scharke las sie nicht gern, weil sie ihn anstrengte; aber es mußte sein. Schon fand Scharke, nun sei es für diesen Abend genug, da stieß er auf eine Stelle, die ihn fesselte. Es war von Pflanzengiften die Rede und von der schlimmen oder heilenden Wirkung, die man, je nach Absicht, aus ihnen zieht.

Als Scharke von einer linken Buchseite auf die rechte hinüberglitt, nahm der begonnene Satz eine kuriose Wendung; da stimmte etwas nicht. Scharke blickte hinunter, auf die Seitenzahlen: Aha, es fehlten sechzehn Seiten – just die, an denen ihm lag. Mißmutig las er weiter, denn was nun kam, ließ ihn gleichgültig. Ein Viertelstündchen später traf er abermals auf eine rechte Buchseite, die den Text der linken Seite nicht fortführte. Dieses Mal stimmte die Seitenzahl, aber der Text gehörte nicht dorthin, er kam aus einem ganz anderen Buch.

Um zu erfahren, was sich da eingeschmuggelt hatte, las Scharke die folgenden Seiten und sah sich inmitten einer spannenden Erzählung, deren Beginn er nicht kannte. Ein Mann, der als Schurke bezeichnet wurde, haßte von Herzen einen reichen Holzhändler. Da er jedoch zu arm war, um aus eigenen Mitteln einen Meuchelmörder zu dingen, ging er zu dem Holzhändler und lieh sich, auf kurze Zeit und gegen hohe Zinsen, eine Summe, die für den geplanten Zweck ausreichte. Es fand sich auch jemand, der zu der Tat bereit war. Doch der gedungene Mann trank gern, der Trinker in ihm war mächtiger als der Mörder, und so kam es, daß er das Sündengeld verjubelte, die Gegenleistung jedoch unterließ, obwohl der Schurke ihn oft genug an seine Pflicht erinnerte. Als der Holzhändler das Darlehen einforderte, brachte der Schurke den Trinker vors Gericht. Wiewohl der Fall ungewöhnlich war, wies das Gericht ihn nicht ab, es beraumte eine Verhandlung an.

Hier nun, schon nach vier Seiten, brach die Erzählung ab, und es folgten vier leere Seiten. Scharke erfuhr also weder, woher der Zorn des Schurken gegen den Holzhändler rührte, noch den Ausgang des Prozesses. Die vier leeren Seiten wirkten wie eine Aufforderung, die Sache nach eigenem Ermessen auszuspinnen. Gerade dies aber, das Weiterdenken, war Scharkes starke Seite nicht – zumal bei einem so kniffligen Rechtsfall. Trotzdem starrte er die leeren Seiten aufmerksam an, als vermöge seine Neugier den Fortgang der Geschichte aufs Papier zu zwingen. Doch es gelang nicht.

Als Scharke die letzte Leerseite von oben bis unten betrachtet hatte und sich der rechten Seite zuwandte, die bedruckt war, fand er dort zu seiner Freude den zuvor vermißten Anschluß: da waren sie plötzlich, die sechzehn fehlenden Seiten, und berichteten ihm alles, was er über Pflanzengifte wissen wollte. Sie führten sogar in ein anderes Kapitel hinüber, das ihn gleichfalls ansprach, wenn auch nicht im selben Maße. Nach der zweiunddreißigsten Seite, mitten im Satz, riß der Faden erneut, und was nun und später kam, hatte wieder mit dem Gegenstand des Buches nichts zu tun. Alle vier oder acht oder sechzehn Seiten wechselte der Text, manche Seiten standen auf dem Kopf oder waren doppelt bedruckt, so daß man sie überhaupt nicht lesen konnte, oder sie waren leer, wie zur Erholung von all dem Durcheinander.

Scharke nahm sich vor, das Buch am nächsten Tag in den Verlag zu bringen, der es veröffentlicht hatte, damit man ihn mit einem fehlerfreien Stück entschädigte. Dennoch fand er es spaßig, darin weiterzulesen, gerade weil es so unsinnig von einem Gegenstand zum anderen sprang. «Im Leben», überlegte er, «fehlt es auch oft an Zusammenhang. Darum will ich sehen, wie hier die Rösselsprünge beschaffen sind.» Und es war in der Tat ein wunderliches Spiel. Auf die Beschreibung einer keltischen Grabstätte folgte eine Studie über Lotungen in der Tiefsee, auf diese das Bruchstück einer unzüchtigen Geschichte und auf dieses ein Bericht über die Zubereitung von Palmwein.

Als nächstes kamen Seiten aus dem geheimen Tagebuch eines babylonischen Henkers. Der Mann berichtete, man habe bei Folterungen stets Trompeter hinzubefohlen, damit der Lärm ihrer Instrumente die Schreie der Opfer übertöne. In diesem Augenblick ließen sich in der Wohnung, die neben Scharkes Wohnung lag, Bläser vernehmen, und das war sonderbar, denn der Nachbar, ein Violinist, pflegte nur Streicher um sich zu sammeln.

«Das Buch», dachte Scharke, «greift auf die Umwelt über.» Doch es kam noch besser. In einem ziemlich langweiligen Reisebericht über die Kordilleren, der nun folgte, war von tropischen Gewittern die Rede. Treffen sich, hieß es da, zwei oder drei Gewitter am Himmel, so verschmelzen sie zu einem riesigen Unwetter, das seinesgleichen nicht hat und viele Stunden lang andauert. Indem Scharke dies las, brach draußen, aus dem Nichts, ein heftiges Gewitter los. Sooft das Buch von Blitzen sprach, zuckten grelle Lichter durchs Zimmer, und Donnerschläge knatterten hinterdrein.

Scharke stand auf und ließ die Läden herunter. Gewitter ängstigten ihn, nicht anders als einen Wilden, der den Zorn seiner Götter aus ihnen heraushört. Um sich abzulenken, nahm Scharke das Buch wieder zur Hand. Als der Reisebericht die Gewitter hinter sich ließ, als er bald danach abbrach und einem Fragment über Knabenliebe bei den Makedoniern Platz machte, legte sich auch draußen das Gewitter; nur in der Ferne grummelte es noch. Scharke atmete auf, er fühlte sich wieder wohler. Wie um ihn vollends zu ermuntern, brachte das Buch abermals die von ihm so geschätzte Stelle über Pflanzengifte – dieses Mal freilich nur acht Seiten davon. Doch das machte nichts, denn der Text war Scharke ohnehin vertraut.

Scharke nahm alles hin, auch darin einem Wilden ähnlich, der sich dem Unbegreiflichen fügt. So, wie er die Mängel des Buches erduldet hatte, fand er sich mit seinen Wirkungen nach außen ab. Er hatte nun schon viel gelesen, seine Augen waren müde und hätten Schonung verdient. Doch die wechselvolle Lektüre, die Erwartung immer neuer, unerwarteter Sprünge und das Nachsinnen darüber, ob in all dem Wirrwarr sich vielleicht ein geheimer Sinn verberge: dies zusammen hielt ihn wach.

Nach der Stelle über Pflanzengifte kam allerdings etwas Abschreckendes. Die folgenden Seiten standen nicht nur auf dem Kopf, sie waren zudem in so kleinen Buchstaben gedruckt, daß Scharke sie nicht entziffern konnte. Seufzend griff er nach einer Lupe, kehrte das Buch um und begann zu lesen. Es handelte sich offenbar um einen Brief, denn der Autor redete jemanden an. Während Scharke vor sich hin las, hatte er zunehmend das Empfinden, der Brief sei an ihn gerichtet. Er täuschte sich nicht. Denn als er die Seite umwandte, endete der Brief – ohne Grüße übrigens, jedoch mit der Unterschrift «Ihr Pe-schau-ba, Häuptling der Irokesen», und der folgende Brief begann: «Lieber Herr Scharke!»

Es läßt sich denken, mit welcher Erregung Scharke sich an den zweiten Brief machte. Er las und las und traute seinen Augen nicht. Der Briefschreiber war – wie ging das zu? – aufs Beste über Scharke unterrichtet, er kannte sogar verborgene, heikle Dinge aus Scharkes Leben, wenngleich er sie nur streifte, nachsichtig, nicht ohne Güte. Damit nicht genug, erhellte er Manches, was Scharke nie völlig durchschaut hatte, zum Beispiel das rätselhafte Gebaren seiner ersten Verlobten und seinen Mißerfolg bei dem Versuch, Zebras und Wildesel zu kreuzen. Der Brief schloß mit Ratschlägen, die Scharke sich zu Herzen nahm.

Aufregender noch war der nächste Brief, denn er handelte von Geschehnissen, die sich erst ankündigten, von der Zukunft also. Leider brach er ab, ehe er recht begonnen hatte, und überließ das Weitere einer Studie über die Jagdgesetze der Buschmänner. Umsonst blätterte Scharke, enttäuscht und verbittert, das Buch bis zum Ende durch. Wie zum Hohn, kehrten immer jene sechzehn Seiten wieder, die sich mit Pflanzengiften befaßten, und davon hatte Scharke ja nicht mehr viel.

Um seine Nachtruhe zu retten, nahm Scharke ein Schlafmittel und schickte ihm, Glas bei Glas, eine Flasche Burgunder nach. Sollte er das verheftete Buch nicht doch lieber behalten? Es sprach viel dafür, denn wo in der Welt fand er ein zweites, das sich so seltsam in sein Leben schob? Doch es verdroß ihn, daß das Buch ihn genarrt hatte und ihn täglich aufs neue beunruhigen werde. So beschloß er denn, es beim Antiquar zu veräußern, damit die Sache ein Ende habe. Er trank den Wein aus und ging schlafen.

Am nächsten Morgen änderte Scharke seinen Entschluß. Er begab sich nun doch in den Verlag und führte Beschwerde. Die Leute dort, Menschen mit Lebensart, lachten herzlich, als sie das Buch durchblätterten, und gaben ihm sofort ein anderes, makelloses Stück. Schon lag das mißratene im Papierkorb, da erbat Scharke es sich, zum Andenken; man erfüllte ihm den Wunsch.

Auf dem Heimweg brachte Scharke das neue Buch zum Antiquar und kaufte sich von dem Erlös eine Flasche Burgunder. Als er zu Hause sein altes Buch aufschlug, war es so fehlerfrei wie das andere. Solche Dinge kommen vor – aber nicht häufig.

DIE RUHELOSE KUGEL

Der Mann, der das Geschoß abfeuerte, war kein geübter Schütze. Er hatte die Pistole erstanden, um Diebe von seinem Grundstück fernzuhalten, und wollte lediglich erproben, ob die Waffe ihre Schuldigkeit tue. Darum begab er sich in den Garten und suchte nach einem Ziel. Drei Kugeln jagten an der großen Sonnenblume vorbei, ohne sie auch nur zu streifen. Der Mann, den kein Ehrgeiz quälte, zuckte die Achseln und ging zum Mittagessen.

Er ahnte nicht, was er angerichtet hatte. Vor allem wußte er nicht, daß unter den drei Kugeln, die er vertan, sich eine befand, die von ganz besonderer Art war. Noch heute grübelt man darüber nach, welche Kraft wohl das Geschoß befähigt haben mag, den Naturgesetzen Hohn zu sprechen. Während Einige annehmen, die Kugel habe eine ungebührlich hohe Anfangsgeschwindigkeit entwickelt und sich später aus eigenem fortgeholfen, meinen Andere, das Geschoß müsse versehentlich in die vierte Dimension geraten sein, in eine Gegend also, die sich um den landläufigen Raum wenig kümmert, obwohl sie ihn durchquert. Wir neigen einer dritten Erklärung zu, die womöglich abwegig ist, jedoch viel für sich hat. Sie besagt, daß jener Kugel ein Tropfen Hexenblut beigemischt gewesen sei und daß diese wirksame Substanz vollbracht habe, was dem Schießpulver allein nie und nimmer gelungen wäre. Denn das Geschoß, von dem wir reden, fiel keineswegs nach angemessener Zeit nieder, sondern durcheilte mit unverminderter Kraft die Lüfte.

Es konnte nicht ausbleiben, daß sich ihm mancherlei Hindernisse entgegenstellten. Zwei Zaunlatten, eine kräftige Buche und ein Straßenschild hatten wenig Glück; die Kugel durchschlug sie spielend und war nicht aus der Bahn zu bringen. Im Gegenteil, nun wurde sie erst richtig munter und brachte in rascher Folge etliche Spatzen, einen Habicht, eine Brieftasche und den hölzernen Sänger einer Kuckucksuhr zur Strecke. Danach muß sich ihr Lauf wohl wieder dem Erdboden angenähert haben, denn aus großen und kleinen Städten kamen Klagen über mutwillige Schützen, die das Eigentum der Bürger beschädigten und Menschenleben in Gefahr brachten. Besonders häufig wurden Kronleuchter, Landschaftsgemälde und Tassen betroffen; doch auch vor den Bildnissen der Landesherren machten die unbekannten Missetäter nicht halt, so daß der Eindruck entstehen mußte, es handle sich um eine regelrechte, weltumspannende Verschwörung. Wo die Kugel hinkam, hinterließ sie Unruhe und brachte die Polizei, die ratlos war, zur Verzweiflung.

Wir würden ins Uferlose geraten, wollten wir aufzählen, was die blitzschnell dahinsausende Kugel alles anrichtete. Es kann sich jeder allein ausdenken, welcher Taten ein Geschoß fähig ist, sobald es Hindernisse nicht achtet und seiner Irrfahrt zunehmend Geschmack abgewinnt. Selbstverständlich ging Vieles zu Bruch, und es läßt sich nicht verschweigen, daß manche Menschen Streifschüsse erlitten, von glatten Durchschlägen nicht zu reden. Doch wußte die Kugel auch Gutes zu stiften. Das Ehepaar Dubois beispielsweise, wohnhaft in Paris, hätte sich ums Haar entzweit, weil es sich über die Aufstellung einer großen Kristallvase nicht einig werden konnte. Als die Kugel das schöne Stück zertrümmerte, war der Streit – man darf es sagen – gegenstandslos geworden, und das Ehepaar sank einander versöhnt in die Arme.

Freilich fliegt ein Geschoß schneller, als der Mensch denken kann. Fliegt es jedoch längere Zeit hindurch, so sammeln sich die Gedanken, und Schlußfolgerungen bleiben nicht aus. Man kam bald dahinter, daß es sich bei so verschiedenen Wirkungen um eine gemeinsame Ursache, um eine einzige Kugel handeln müsse, die da widerrechtlich durch die Welt fuhr. Mathematiker machten sich daran, die Bahn des Geschosses zu errechnen, und gerieten an eine mühevolle Aufgabe, denn die Gesetze, nach denen die Bewegung sich vollzog, standen in keinem Lehrbuch. Schließlich aber glückte es einem jungen Physiker, die seltsamen Kurven aufs Papier zu bringen, und bald danach befand sich der Fahrplan des Geschosses in aller Hand. Nun der Störenfried eingeordnet war, veränderte sich die Stimmung zu seinen Gunsten. In allen fünf Erdteilen konnte man es erleben, daß die Einwohner von Dörfern und Städten Spalier standen, um die Hexenkugel vorüberpfeifen zu sehen. Erst vereinzelt, später allgemein wurde es üblich, Postkarten und fotografische Bildnisse in die Schußbahn zu halten, sie durchlöchern zu lassen und sich dergestalt ein Andenken an die ruhelose Kugel zu verschaffen. Im März, als das Spiel begann, wurde ein vereinzelter Einschuß noch hoch bewertet; im Juli bezahlten Kenner für zwanzig Einschüsse, selbst wenn sie dicht beieinander lagen, nur noch geringe Summen. Viel beneidet war ein Leuchtturmwächter, der eine Postkarte besaß, die nicht weniger als einundfünfzig Schußlöcher aufwies. Eben dieser Leuchtturmwächter war der erste, der sich, in seltsamer Verkehrung der Umstände, als Kugelschütze bezeichnete, seltsam darum, weil er ja nicht eigentlich schoß, als vielmehr das Ziel in die Bahn der rabiaten Kugel brachte. Da jedoch jede Verwirrung eindeutiger Begriffe damit rechnen kann, Volkstümlichkeit zu erlangen, bildeten sich bald Schützenvereine, die im Grunde aus mehr oder weniger geschickten Kugelhaschern bestanden. Man erkannte diejenigen, die ihnen angehörten, an den leichten und schweren Handverletzungen, die sie ihrem Sport zuliebe davontrugen. Leider wurde die Kugel auch mißbraucht. Es geschah nämlich gar nicht selten, daß Mörder ihre Opfer in den Weg des Geschosses lockten oder sie mit Gewalt dorthin zerrten. Ging man der Untat nach, so redeten sie sich heraus, ein unglücklicher Zufall sei im Spiele gewesen, und das war schwer zu widerlegen.

Der Mann, der einst die Kugel abgefeuert hatte, lebte in aller Unschuld dahin. Wohl wußte er von dem Geschoß, das eine ganze Welt in Atem hielt, und hütete sich, ihm in die Quere zu geraten. Wie aber hätte er argwöhnen können, daß gerade er der Anstifter des Übels gewesen sei? Als er sich wieder einmal in seinem Garten aufhielt, geschah es, daß die Kugel daherfegte und ihm ein Ohrläppchen abriß. Darüber geriet der Mann in großen Zorn, eilte in sein Haus und holte die Pistole, um es dem unbedachten Schützen mit gleicher Münze heimzuzahlen. Bis er wieder in den Garten zurückkehrte, hatte die Kugel längst den Planeten umkreist und näherte sich abermals dem Ort ihres Ausgangs. Man mag es Zufall oder Schicksal nennen; jedenfalls geriet das Geschoß genau in den Lauf der Pistole, dorthin, wo es gesessen hatte, ehe es sich auf große Fahrt begab. Und da sitzt es noch heute, denn der Mann hat weder an diesem Tage geschossen, noch an irgendeinem folgenden, weil er keinen Anlaß dazu hatte.

DIE WEISSAGUNG

Die Felshöhle befand sich unter einem kleinen Hügel, dem einzigen weit und breit. Ringsum war Weideland, doch kein saftiges. Hob man eine Grube aus, stieß der Spaten bald auf felsigen Grund, er sprühte Funken. Das Gestein hatte sich bloß einen Pelz zugelegt, eine dünne Schicht Erde mit Gras darauf. Nur Mutige oder Neugierige zwängten sich durch den engen Spalt in die Höhle, und auch ihnen war nicht wohl dabei, denn der Spalt glich einem Mund, es konnte ja sein, daß er sich plötzlich schloß. Wer ein Licht mitgebracht hatte, ging daran, mit eigenen Augen die Inschrift zu entziffern, die vor ihm schon so Viele gelesen hatten. Sie war tief in den Fels gekerbt und von rostroter Farbe. In die Sprache von heute übertragen, lautete sie:

Wenn zum alten, alten Mann
Der Knabe kommt, der mannesstarke,
Das irre Weib
Und das falbe Roß,
Wird, so weit ein Hund laufen kann,
Wanken die Erde
Und alle Kreatur ...

Hier brach die Inschrift ab, und man wußte nicht, ob der Schreiber innegehalten oder ob ein Anderer die übrigen Worte ausgetilgt hatte. Wie auch immer: was da zu lesen stand, verhieß keinen guten Ausgang. So war es denn eher angenehm, daß die Weissagung mitten im Satz steckenblieb, als scheue sie vor sich selbst zurück.

Es liefen Sagen darüber um, wer die Inschrift verfaßt habe. Man konnte wählen zwischen einem zauberkundigen Zwerg, einem heiligen Eremiten und einer Jungfrau, die einst in der

Höhle lebendig begraben worden war. Den Sinn der Inschrift zu deuten, hatte schon Mancher sich unterfangen. Die Einen meinten, sie sei wörtlich zu nehmen, die Anderen erklärten, es handle sich nicht um Menschen, nicht um einen Greis, einen Knaben, ein Weib und ein Roß, sondern um Sinnbilder, die auf etwas Bedeutenderes hinwiesen, und für das Bedeutendere brachten sie so viele Vorschläge herbei, daß sich zum Schluß alles verwirrte.

Nun, der dies schreibt, kann Auskunft geben. Ein wandernder Barbier hatte die Inschrift in den Fels gemeißelt. Hin und wieder hörte er, wenn er allein war, eine Stimme, und was die Stimme sagte, das ritzte, kerbte, meißelte er irgendwo ein; er wußte selbst nicht, warum. Wie aber stand es mit dem Sinn der Inschrift? Die Worte waren, das ist fast immer so, wörtlich gemeint, sie wiesen auf nichts anderes hin. Trotzdem sollte viel, viel Zeit vergehen, bis es endlich dazu kam, daß die vier Lebewesen, von denen die Rede war, sich an einem Ort zusammenfanden – an dem Ort, der sich von selbst verstand, obwohl er nicht ausdrücklich genannt war: der Felshöhle.

Die Leute aus der Gegend mieden die Höhle, doch zu Zeiten war sie bewohnt. Wer sehr arm war oder sich verbergen mußte, fand hier einen Unterschlupf. Der Zufall wollte es, daß im Laufe der Jahrhunderte öfters je eines der vier Lebewesen in der Felshöhle hauste, nur geschah das nacheinander, mit großen Abständen dazwischen. Es kam auch vor, daß zwei von ihnen die Höhle bewohnten, zumindest aber, daß eines dort zu Hause war und das andere es besuchte. Sogar das dritte fand sich gelegentlich hinzu – in tausend Jahren immerhin achtmal. Das vierte jedoch blieb stets aus.

Einmal gediehen die Dinge recht weit. Da wohnte in der Felshöhle ein alter Strolch, der sich von Diebstahl nährte. Als er dazu nicht mehr rüstig genug war, zog er sich einen Gehilfen heran, einen Knaben aus dem nächsten Dorf, der nachts für ihn Hühner und junge Lämmer stahl. Den Alten gelüstete es nicht nur nach Essen, er fing ein närrisches Weib auf, das sich bei dem Hügel herumtrieb, und machte es zu seiner Schlafgenossin. Der Knabe, ein kräftiger Bengel, schlief gleichfalls mit dem Weibe, das später mit einem gesunden Kind niederkam. Aber damals gab es in dem ganzen Landstrich kein einziges Pferd. Feindliche Krieger hatten alle Pferde davongetrieben, bis auf ein paar armselige Klepper, die sich nicht aus dem Stall rührten. So ging die Gelegenheit dahin.

Ein andermal hatten Bauern ihre Tochter, die nicht bei Verstand war und daheim viel Ärger stiftete, in die Felshöhle gebracht. Die Kranke schickte sich gut darein und lebte, von den Ihren versorgt, friedlich in der Einöde. Eines Tages kamen zwei Fremde übers Land geritten, ein Greis und ein Knabe. Vor der Höhle pflockten sie ihre Pferde fest und erstiegen den Hügel, um Ausschau zu halten. Doch die Pferde trugen das richtige Fell nicht; ein Fuchs war's und ein Rappe. Es hätte aber auch nichts genutzt, wenn ein Falber dabei gewesen wäre, denn die Irre schweifte auf den Wiesen umher, sie kehrte erst zurück, als die Fremden längst weitergeritten waren.

Wie um das Schicksal zu höhnen, hielt sich ein falbes Pferd jahrelang in der Höhle; es hatte sich den Stall selbst erwählt. Zu jener Zeit war der Eingang noch so breit, daß das Tier mühelos hinein und hinaus konnte. Doch das Weideland sah wenige Besucher, weil die Pest umging. Als sie erlosch, war das Pferd gestorben. Die prophezeite Zusammenkunft wollte sich nicht ergeben, es kam immer etwas dazwischen. Entweder war der Knabe schwächlich oder die Frau bei Sinnen oder das Pferd ein Schimmel oder der Mann nicht alt genug – oder eines von ihnen stellte sich nicht rechtzeitig ein. War eine Gelegenheit vertan, so währte es Jahrzehnte, Jahrhunderte und länger, bis die nächste anfing, sich langsam heranzubilden. Je mehr der Zufall sich den Bedingungen näherte, je kläglicher er im letzten Augenblick scheiterte, um so weiter dehnten sich die fruchtlosen Zeiten, die auf ihn folgten. Es schien, als grolle die Weissagung den Mächten, die ihren Vollzug durchkreuzten.

Zur Zeit der Bauernkriege lebte im nächsten Dorf ein Lehrer, der sich mit dem Lehrer des Nachbardorfes über die alte Frage stritt, ob die Inschrift in der Felshöhle wörtlich oder sinnbildlich zu verstehen sei. Daß sie genau das meinte, was sie sagte, hielt er für ausgemacht. Er war oft in der Höhle gewesen und hatte die Inschrift säuberlich nachgezeichnet; ihr Abbild hing über seinem Schreibtisch. Als der Streit mit dem Amtsbruder immer heftiger wurde, faßte der Lehrer einen Entschluß. Er nahm sich vor, der Weissagung nachzuhelfen, und das hieß: dafür zu sorgen, daß die vier genannten Kreaturen in der Höhle zusammenkamen. Beim Gedanken daran, was da entstehen mochte, schauderte es ihn, doch er hatte einen so gewaltigen Zorn auf seinen Gegner, daß er bereit war, den Bestand der Welt dranzugehen, damit sich erweise, wer recht habe – er oder der Andere.

Der alte Mann war bald gefunden: ein Knecht, der sich sechzig Jahre lang geplagt hatte und nun beim Bauern das Gnadenbrot aß. Gegen ein kleines Entgelt, das der Lehrer aus seiner Tasche zahlte, fand der Alte sich gern bereit, eine Zeitlang in der Höhle zu hausen; endlich konnte er sich ein bißchen Schnaps kaufen. Als andere Greise davon hörten, trugen sie sich dem Lehrer an, und als dieser sie abwies, hätten sie ums Haar den Knecht aus der Höhle geprügelt. Es glückte ihnen jedoch nicht, denn just an diesem Tage war der kräftigste Knabe des Dorfes draußen und sorgte dafür, daß die Alten den Heimweg viel schneller antraten, als sie es vorgehabt.

Auch das falbe Roß war zur Hand, es stand bei dem Vater des Knaben im Stall. Der Lehrer wollte es aber erst ganz zuletzt herbeiholen, damit niemand merke, was er da vorbereite. Nicht einmal dem Knaben verriet er seinen Plan; er trug ihm lediglich auf, den Eingang in die Höhle ein wenig zu erweitern, vor allem nach oben zu. So blieb noch das irre Weib. Im Dorf befand sich keines, wohl aber im Nachbardorf, unter den Augen des Gegners; es war dessen Base, und sie wohnte bei ihm.

Daß es besonders schwierig war, die Irre heimlich fortzuschaffen, stachelte den Lehrer nur an. Wie er sie aufspürte, als sie im Wald Reiser sammelte, wie er ihr Vertrauen gewann und wie er sie schließlich überredete, ihn zu begleiten – das war ein Meisterstück. Sie ging also mit, quer durch die Wälder, denn alle Wege mußte man meiden, und der Lehrer nickte geduldig zu ihren krausen Reden. Bei der Felshöhle angelangt, erschrak die Irre vor dem alten Knecht, der unterdes Schnaps getrunken hatte und mit seiner zittrigen Stimme ein Wiegenlied sang. Sie hielt ihn, es war begreiflich, für einen Waldschrat oder einen Kobold und wollte fliehen. Doch der Knabe holte sie ein, der Lehrer eilte hinzu. Zu zweit hielten sie die Närrin fest, bis der Knecht sein Wiegenlied zu Ende gebracht hatte und sich dazu bequemte, einen Strick herbeizubringen. Das Weib ward sorgsam gefesselt und in die Felshöhle gesetzt. Drei von den Vieren hatte der Lehrer jetzt beisammen. Er schärfte dem Knaben ein, den Knecht und die Irre nicht aus den Augen zu lassen, und ging ins Dorf.

Unbemerkt schlich er in den Stall, flocht dem Falben Stroh um die Hufe und nahm ihn beim Halfter. Leise, Schritt für Schritt, führte er das Tier über den Hof. Schon wähnte er sein Unternehmen geglückt, da stand plötzlich der Bauer vor ihm, rot vor Zorn. Es half dem Lehrer nichts, daß er stammelte, er habe das Pferd bloß ausleihen wollen, er sei ein Lehrer und kein Dieb. Dem Bauern waren die strohumflochtenen Hufe Beweis genug, er schlug den Lehrer nieder und brachte das Pferd zurück in den Stall.

Man schaffte den Verletzten nach Hause. Zwei Stunden später trat der Amtsbruder aus dem Nachbardorf bei ihm ein und forderte zu wissen, wo er seine Base hingeführt habe; die Beiden waren im Wald gesehen worden. Wohl oder übel mußte der Lehrer den Ort preisgeben. Der Andere nahm zwei Männer mit und begab sich auf den Weg zur Felshöhle. Als der Knabe die Drei ankommen sah, lief er davon; er wollte, aus Furcht vor seinem Vater, nicht erkannt werden. Die Männer banden die Irre los, rüttelten den Knecht wach und brachten das ungleiche Paar ins Dorf. Als der Abend über das Land kam, war alles, was der Lehrer so mühsam zusammengefügt hatte, zerschlagen. Noch nie hatte die Weissagung so günstige Sterne erlebt, noch nie war ihre Erfüllung so rasch und so gründlich vereitelt worden. Es schien, als sei das Unheil wieder einmal auf lange Zeit abgewendet.

Doch man soll den Abend nicht vor der Nacht tadeln. Gegen neun Uhr fiel dem Knecht ein, daß er in der Felshöhle noch einen Rest Schnaps verwahre; er machte sich sofort auf die Beine. Der Knabe, der nicht recht einschlafen konnte, sah den Alten beim Fenster vorübertappen, fuhr in seine Hosen und lief ihm nach. In der Felshöhle tranken sie von dem Schnaps, obwohl er eigentlich nur für Einen langte, und besprachen die kuriosen Ereignisse. Gegen zehn Uhr erhielten sie Besuch. Die Irre hatte hinterher ihrem Abenteuer Geschmack abgewonnen und kehrte zu der Stätte zurück, wo so viele Männer erbötig waren, sie zu fesseln oder zu befreien. Gegen elf Uhr wieherte ein Pferd vor der Höhle. Der Knabe ging hinaus und glaubte, der Falbe aus seines Vaters Stall stehe vor ihm. Ein Falber war es, jedoch ein fremder, und man hat nie erfahren, wem das Tier gehörte. Als der Knabe den Falben in die Felshöhle führte, brach das Unheil los.

In der Luft war plötzlich ein schrilles Pfeifen und Sirren, wie von einem starken Wind. Der Knabe und der Alte liefen ins Freie. Es war taghell, der Mond strahlte, als sei er die Sonne, und dicht bei ihm zog ein Komet vorbei. Grünliche, spitze Wolken jagten wie Pfeile über den Himmel. Das Gras auf dem Weideland wurde kraus und rot und begann zu stinken. Schärfer noch rochen die Wacholderbäume; sie nahmen giftige, metallische Farben an, sie schienen zu schmelzen. Da eilten aus dem Dorf die Katzen herbei und fraßen von den Wacholderbäumen. Das absonderliche Mahl währte jedoch nicht lange, denn nun galoppierten Schafe herbei und fraßen die Katzen.

Wie erstarrt standen die Beiden, der Greis und der Knabe. Hinter ihrem Rücken polterte es dumpf. Sie wandten sich um und sahen, wie der Hügel einsank. Wo er gestanden, bildete sich zuerst eine Mulde, dann ein See. Aus dem gelben Wasser tauchte eine Reiterin empor: die Irre auf dem Falben. Sie rief etwas, dann wurde auch sie gelb und zerging im Wasser.

Die Beiden stürzten davon. Sie wollten ins Dorf, kamen aber vom Wege ab und gerieten in den Wald. Dort ging es schlimm zu. Eichen und Buchen zerbröckelten in kleine, kantige Stücke. Die Linden erweichten, legten sich nieder und krochen wie Schlinggewächse dahin. Von den Tannen tröpfelten glühend die Zapfen herab und brannten faustgroße Löcher in den Waldboden. Die Birken peitschten wild um sich, die Eiben wurden durchsichtig wie Glas. Überall hüpften Kieselsteine, Blumen flogen vorbei, Astern zumeist, und aus dem Moos schoß ein feiner Sprühregen, der die Haut ätzte.

In dem Tumult verlor der Knabe seinen Begleiter. Er achtete es nicht, er lief und lief. Unterwegs begegnete ihm ein flüchtender Hund. Es war der Hund, von dem die alte Inschrift sagte, er werde den Kreis des Unheils abstecken. So kam es auch: wo der Hund verendete, hielt das schlimme Treiben ein. Wo es aber getobt hatte, wuchs und atmete nichts mehr, auch der Knabe nicht.

Aschenland nannte man fünfzig Jahre lang das verwüstete Gebiet. Dann regte sich in ihm neues Leben, anfangs noch schüchtern, bald danach kräftiger und schließlich so üppig, daß es als beneidenswert galt, dort Boden zu besitzen.

HERR ÜBER NICHTS

Herr Endrian war wohlhabend, hatte jedoch die Empfindung, daß sein Besitz ihm nicht gehöre. Merkwürdig war das, denn er dankte sein Fortkommen keinem Erbteil; was er besaß, hatte er selbst verdient. Dennoch fand er, ihm gehöre nichts. Betrat er sein Haus, so war ihm, als sei es das Haus eines Anderen. Arbeitete er im Garten, abends, zur Entspannung, tat er es für den Herrn des Gartens, nicht für sich. Wen aber sah Endrian (den Titel «Herr» müssen wir ihm wohl nehmen) für den Eigner seiner Habe an? Ja, das wußte er eben nicht. Im Selbstgespräch meinte er, es müsse «so etwas wie ein Vater» sein, und auch das war merkwürdig, denn er hatte sich mit seinem Vater gut verstanden.

Wir kommen der Sache vielleicht näher, wenn wir annehmen, Endrian habe seinen Besitz als ein Lehen betrachtet, das jederzeit wieder zurückgefordert werden konnte. So aber denken Viele und meinen damit das menschliche Dasein schlechthin. Trotzdem richten sie sich bequem darin ein und sagen «mein Haus», «mein Geld», ja, sogar «meine Frau», obwohl die ihnen wirklich nicht gehört. Ebendies aber: Herr zu sein, wenn auch auf Abruf, brachte Endrian nicht fertig. Nichts gehörte ihm, nichts.

Nie ist ein Lehen sorglicher verwaltet worden. Den Bestand zu erhalten, genügte Endrian nicht; er mehrte ihn unablässig und rechnete täglich damit, daß man noch am selben Abend Rechenschaft von ihm verlange. Zeigte sich irgendwo Abnutzung oder wurde gar etwas beschädigt, mußte es sogleich erneuert oder instand gesetzt werden. Endrian bezahlte den Handwerkern das Doppelte, auch das Dreifache, wenn sie prompt herbeieilten, und natürlich kamen sie, wenngleich sie ihn für verrückt hielten.

In seiner Fabrik (er hatte eine Weberei) und zu Hause galt Endrian nicht viel. Ein Jeder merkte, daß er sich nicht für den

Herrn hielt, und so empfing er nur halbe Achtung und halben Gehorsam. In der Fabrik ging es noch an, da bestimmte der Arbeitsplan die Zucht. Zu Hause aber war es schlimm. Seine Frau behandelte ihn so geringschätzig, als habe sie einen Geliebten, der den Ehemann überstrahle – und dabei hatte sie gar keinen. Seine Kinder, ein Sohn und eine Tochter, verweigerten ihm jeden Gehorsam; nicht einmal sein Hund, ein schläfriger Boxer, gehorchte ihm. Für die Familie wie fürs Hauspersonal war Endrian nur ein Verdiener, der das Geld heranschaffte. Niemand grüßte ihn zuerst, niemand wußte ihm Dank, und er verlangte ihn auch nicht.

Wir müssen uns widersprechen. Es gab eben doch ein paar Dinge, die Endrian als seinen Besitz ansah; freilich hatten sie kaum einen Wert. Da war zunächst jener einst dunkelblaue, nun aber längst ausgeblichene Drillichanzug. Endrian hatte ihn getragen, als er bei einem Schlosser lernte, und trug ihn noch immer, wenn er im Garten arbeitete. Das alte Zeug sollte ihn wohl an seine Anfänge erinnern; vielleicht glaubte er auch, es bringe ihm Glück. Ähnlich verhielt es sich mit einigen armseligen Möbeln, die auf dem Speicher standen; um nichts in der Welt durften sie weggeschenkt oder zerhackt werden. Es waren, man errät es leicht, Endrians erste eigene Möbel.

Mit dem Drillichanzug und dem Gerümpel verglichen, nahm sich ein Drittes schon ansehnlicher aus. Es war ein kleines, altes Gärtnerhäuschen, das in einem Winkel des Gartens stand, beim Mistbeet, wo die Kürbisse wucherten. Es steckte voller Geräte, voller Werkzeug, und roch nach Torfmull, Tomaten und feuchtem Ton. Außer dem Werkraum enthielt es eine winzige Koje mit einer Liegestatt. Diese Hütte nun betrachtete Endrian als seinen Besitz. Er hielt sich gern in ihr auf, bastelte vor sich hin, nächtigte auch gelegentlich in der Koje, ohne daß seine Frau ihn vermißte, und bedauerte nur, daß das Häuschen im Garten des Anderen stand. Doch was machte es aus? Hier war er daheim, hier fühlte er sich wohl.

Wie wir hörten, war Endrian allzeit darauf gefaßt, daß man von ihm Rechenschaft über den Stand des Besitzes fordere. Eines Abends überkam ihn das Gefühl, die Prüfung stehe unmittelbar bevor. Dieses Gefühl nahm zu und wurde am fünften Tag bestätigt. Eine Stunde nach dem Abendbrot, gegen neun Uhr, saß Endrian im Wohnzimmer und las die Zeitung; da läutete die Hausglocke. Weil seine Familie sich nicht regte und das Personal Feierabend hatte, ging Endrian an die Haustür und öffnete. Draußen stand ein dreißigjähriger Mann, der aussah wie jeder Passant. Trotzdem fühlte Endrian, daß die Stunde gekommen sei.

Der Mann grüßte knapp, trat ein und hängte seinen Hut an den Haken. Endrian geleitete ihn eifrig ins Arbeitszimmer, rückte den Stuhl vom Schreibtisch und bot seinen eigenen Platz an. Der Fremde setzte sich hin, als komme ihm das zu. Und nun erwies es sich, wie vorzüglich Endrian den Augenblick vorbereitet hatte. Aus einem großen Schrank, den er mit Schwung aufriß, glitten durch seine Hände alle nötigen Unterlagen auf den Schreibtisch: Pläne, Bilanzen, Aufstellungen, Grundrisse und Fotografien. Das floß und floß in musterhafter Folge, es ward nicht eine Minute vertan. Der Fremde, geübt in solchen Dingen, las alles durch und nickte immer wieder beifällig. Er schien es zu schätzen, daß er Zeit sparte.

«In bester Ordnung!» sagte er. «Die Fabrik brauche ich nicht zu besichtigen.»

«Warum nicht?» fragte Endrian, der auch sie gern hergezeigt hätte.

«Wir sind genau unterrichtet», erwiderte der Fremde. «Wir haben da einen Vertrauensmann. Und nun will ich, der Form halber, noch rasch durch das Haus gehen.»

Das tat er, sehr selbstsicher, gefolgt von Endrian, der unterwegs Wunderliches erlebte. Als der Fremde in das Zimmer der Kinder trat, liefen sie auf ihn zu und küßten ihm die Hände. Im Flur begegnete man dem Hund, der nie gehorchte. «Setz dich und gib Pfötchen!» befahl der Fremde, und das Tier gehorchte sofort. Auch das Schlafzimmer von Endrians Frau betraten die Beiden. Die Frau lag – es geschah sonst nie – nackt auf ihrem Bett und warf dem Besucher einen buhlerischen Blick zu. Dieser betrachtete sie kurz, aber sehr genau. «Gut», sagte er. «Danke.»

Damit war der Rundgang zu Ende. Der Fremde ließ sich von Endrian an die Haustür bringen, nahm seinen Hut vom Haken, wünschte einen guten Abend und ging. Er reichte Endrian nicht die Hand, und dieser hatte es auch gar nicht erwartet.

Endrian begab sich in sein Arbeitszimmer. Er holte eine Flasche Kognak aus dem Schrank, schenkte ein und setzte sich an den Schreibtisch. Er war zufrieden, daß die Prüfung so gut abgelaufen war, aber es enttäuschte ihn, daß nicht der Eigentümer ihn besucht hatte. Der Fremde, er wußte es, war nur ein Verwalter, ein Kontrolleur; deshalb hatte er «wir» gesagt und nicht «ich». War denn er, Endrian, so gering, daß der Eigentümer es nicht für wert hielt, sich ihm zu zeigen? Er empfand Kummer, als er zu Bett ging, und entschlummerte mit dem Wunsch, die Begegnung möge sich eines Tages doch ereignen.

Lange brauchte er nicht zu warten. Zwei Wochen danach fuhr er in Urlaub, an den Ort, den er immer aufsuchte. Vormittags und nachmittags machte er weite Spaziergänge, weil sein Arzt es so wollte. Bei einem solchen Spaziergang erblickte er ein kleines Bauernhaus, das er noch nie gesehen hatte; es mußte aber wohl immer schon dort gestanden haben, denn es war das jüngste nicht. Plötzlich hörte Endrian sich bei seinem Namen gerufen und bemerkte erst jetzt in dem Vorgarten, zwischen den Blumen, einen alten Mann, der ihn heranwinkte. Im Anblick des Alten, der rote Backen hatte und einen weißen Spitzbart trug, ging es Endrian auf, daß er vor dem Besitzer seiner Habe stand. «Den Jahren nach», dachte er, «könnte es mein Vater sein. Aber ich empfinde ihn wie einen Großvater, und das ist besser. Es ist viel besser.» Nun begriff er auch, daß seine ungenaue Beschreibung «so etwas wie ein Vater» eigentlich einen Großvater gemeint hatte.

Sie traten in die Stube, und der Alte machte es kurz; er bot Endrian nicht einmal einen Stuhl an. «Hinfort», sprach er, «gehört dir alles, was ohnedies auf deinen Namen geht. Freu dich daran. Verbrenn die alten Lumpen und die schäbigen Möbel; das ist Aberglaube, das muß fort. Arbeite viel im Garten, schneide vor allem die Hecken, sie haben es nötig.» Er machte eine Pause. «Deine Frau», fuhr er fort, «hat eine gute Gestalt, mein Verwalter spricht noch heute davon. Das ist viel wert. Übrigens arbeitet auch er im Garten, dort drüben.» Endrian blickte dem zeigenden Finger nach und erkannte den Besucher von neulich, der ein Beet umgrub. «Und nun», sprach der Alte, «geh deiner Wege.» Auch er reichte Endrian nicht die Hand. Dieser verneigte sich vor ihm und schritt davon.

Im Gasthof kannte niemand das Bauernhaus, obwohl Endrian es genau beschrieb. Er hätte abends oder am nächsten Tag noch einmal vorbeispazieren können, um festzustellen, ob das Haus noch dort stand; aber er unterließ es. Statt dessen brach er den Urlaub ab und kehrte heim. Er zerhackte die alten Möbel, schichtete aus ihren Trümmern einen Scheiterhaufen und zündete ihn an. Als das Feuer loderte, warf er den Drilichanzug hinein. Da spürte er, daß all sein Besitz ihm nun wirklich gehörte.

Drei Tage lang erfreute sich Herr Endrian (so müssen wir ihn jetzt wieder nennen) an dem neuen Zustand. Seine Frau war zärtlich zu ihm, die Kinder folgten aufs Wort, der Hund folgte auch, und in der Fabrik dienerten Alle vor dem Fabrikanten. Abends machte Herr Endrian sich über die Hecken her. Am dritten Abend verletzte er sich an einem Dorn und bekam eine Blutvergiftung. Der Arzt wollte ihn ins Krankenhaus schaffen, aber Herr Endrian bestand darauf, daß man ihn ins Gärtnerhäuschen brachte, und dort starb er am Morgen des fünften Tages.

DER TATZELWURM

Wie immer, wenn der Tatzelwurm unterwegs war, lief Aufregung durch das Land. Es kam nicht gar so oft vor, daß er seinen düsteren Marsch antrat; vier Jahre waren vergangen, seit er es zum letzten Mal getan. Nun kroch er, der Plumpe, der Schreckliche, wieder auf seinen kurzen Beinen dahin, bohrte sich in die Hügel, in die Berge, kroch geradeaus, geradeaus, dem Ziel entgegen. Vom Maul bis zum Schwanzende maß er drei Meter, vielleicht auch mehr. Der Leib, eine ekle Walze, war gepanzert wie beim Gürteltier. Den Anblick des Echsenkopfes ertrug man nicht länger als eine Sekunde.

Jedermann wußte, wer den Tatzelwurm ausgesandt hatte, denn nur Einer besaß Macht über ihn, und jedermann wußte, wohin das Tier sich begab. Noch jetzt, da nichts mehr zu ändern war, fragten sich die Leute verstört, warum in aller Welt der Pelzhändler Bodin sich aufgeführt habe wie ein Narr. «Er ist eben verrückt», meinten die einen. «Er will sterben», sagten die anderen. Die meisten aber konnten sich sein Verhalten nicht erklären.

Es war auch nicht zu erklären. Schon die Kinder lernten, daß man im grünen Bach nicht angeln, daß man die Insel mit den Apfelsinenbäumen nicht betreten durfte. Wenn ein Fremder sich aus Unkenntnis des Einen oder Anderen erkühnte, wurde er sogleich gewarnt. Meist befiel den Fremden beim Hindenken an die Gefahr, der er knapp entronnen, hinterher ein solcher Schreck, daß er schleunigst das Land verließ. Der grüne Bach, der See, in den er mündete, und die Insel mit den Apfelsinenbäumen: sie gehörten allesamt dem Pelzhändler Maffa. Der unermeßlich reiche Mann war seiner bösen Künste wegen überall gefürchtet; seinen Namen auszusprechen, galt für ärger als ein Fluch. Am meisten aber fürchtete man den Pelzhändler, weil er über den Tatzelwurm gebot. Geschah es, daß jemand sich Maffas Unwillen zuzog, mußte er gewärtig sein, daß der Erzürnte seinen Boten nach ihm aussandte, und das war so gut wie ein Todesurteil.

Dies alles hatte Bodin gewußt und dennoch gehandelt, als wisse er es nicht. Eines Tages nahm er seine Angelrute, wanderte zum grünen Bach und warf die Schnur aus. Er fing acht Forellen, eine prächtiger als die andere. Zwei Barben tat er wieder ins Wasser, er machte sich nichts aus Barben. Abends lud er Nachbarn ein und tischte ihnen die Forellen auf. Als seine Gäste erfuhren, wo er die Fische gefangen habe, eilten sie entsetzt davon.

Am nächsten Morgen erhielt der Pelzhändler die Warnung; vor seiner Haustür lag ein Hahnenkopf. Man sollte meinen, das blutige Zeichen habe ihn zur Vernunft gebracht, doch ihm war nicht zu helfen. Nachmittags begab er sich an den See, fand im Schilf ein kleines Boot und ruderte zur Insel hinüber. Wie ein Wäldchen standen dort die Apfelsinenbäume, sie trugen goldgelbe Früchte, es war eine Lust, sie anzuschauen. Bodin, der einen Korb mitgebracht hatte, füllte ihn mit Apfelsinen und ruderte zurück. Am Abend unterließ er es, anderen Leuten seinen Raub vorzusetzen; er machte sich allein über die Apfelsinen her. Als er die dritte Frucht verspeist hatte, hörte er ein leises Zirpen, wie von einer Grille. Der dünne Laut, nur ihm vernehmlich, blieb fortan in seinem Ohr. Er schwand bisweilen, kam aber wieder. Es war das zweite, das schlimme Zeichen, und es bedeutete, daß Bodin keine Gnade zu erwarten habe.

Der Pelzhändler begriff den eigenen Mutwillen nicht. Ein Leben lang war er vorsichtig gewesen, kein Feigling, gewiß nicht, aber auch kein Draufgänger. Und nun diese aberwitzige Herausforderung, die einem Selbstmord gleichkam! Warum nur, warum nur? Weil Maffa ein mächtiger Pelzhändler war und er, Bodin, ein kleiner! Das hatte ihn bisher nicht verdrossen, denn er war anspruchslos und ohne Ehrgeiz. Rätselhaft blieb ihm auch, warum er die Warnung mißachtet hatte.

Hätte er sie befolgt und die Fahrt zur Insel unterlassen, wäre ihm vermutlich nichts geschehen. Zwar sah es Maffa gern, daß man ihn fürchtete, doch er mochte es nicht, daß man ihn haßte. Nun aber Bodin zweimal in seinen Besitz eingebrochen war, stand sein böser Ruf auf dem Spiel. Er mußte strafen, ob er sich dabei auch verhaßt machte.

Den Menschen im Lande stockte das Blut, als ihnen aufging, daß Bodins Tod beschlossen sei. Zugleich empfanden sie jene vertrackte, heimliche Lust, die sich einstellt, sobald eine Hinrichtung bevorsteht. Schon hatten Einige, zufällig oder weil sie es darauf anlegten, den Tatzelwurm auf seinem Marsch gesichtet. Sie beschrieben ihn mit Worten des Grauens – er sah fürchterlicher aus denn je. Hier ist zu sagen, daß man den Tatzelwurm selten zu Gesicht bekam, weil er das Freie mied. Es fiel ihm schwer, die Luft zu durchdringen, sie widerstand ihm. Gestein hingegen, Erde, sogar Erz, durchquerte er ohne Mühe, er bewegte sich darin wie ein Fisch im Wasser, nur nicht so behende. Der größere Teil seines Marsches blieb unterirdisch.

«Du mußt fliehen!» beschworen die Freunde den Pelzhändler, obwohl sie wußten, daß der Tatzelwurm von der Stunde des Aufbruchs an seine Opfer lähmte; noch nie war ihm jemand entronnen. Bodin winkte ab. «Spart euch die Mühe», sprach er. «Und vor allem: redet von anderen Dingen – oder schweigt. Schweigt und tut dem Wein Ehre an.» Seit der Tatzelwurm auf ihn zukroch, trank Bodin. Er trank Tag und Nacht, weil er nachts nicht schlafen konnte oder nicht schlafen wollte, aber er betrank sich nicht. Er trank gerade so viel, daß er seinen Freunden ein wenig entrückt war – ihnen und dem Leben mit seinen kleinen und großen Gefahren. Er tat, als sei er nicht bedroht.

Als die Freunde merkten, daß mit ihm nicht zu reden sei, besprachen sie sich untereinander. Noch lagen neunzig Meilen zwischen dem Tatzelwurm und Bodins Haus. Da das Untier täglich nur zehn Meilen hinter sich brachte, blieb eine

Frist von mindestens neun Tagen. Sie ließ sich verlängern, indem man dem Tatzelwurm Dinge in den Weg legte, die ihm zuwider waren – vor allem Rosmarin, gestoßenes Glas und Ochsenblut in irdenen Schalen. Geriet der Tatzelwurm an eine solche Sperre, mußte er sie umgehen; je länger sie war, desto mehr Zeit verlor er damit. Auch wenn er sich unter der Erde befand, spürte er die Sperren; drunten aber vermochte er sie zu durchstoßen.

Bodins Freunde hatten viel zu tun. Sie ritten im Land umher, kauften Rosmarin und Ochsenblut, ließen Glas zerstoßen und legten Sperren an. Erfolge zeigten sich bald: der Tatzelwurm kam nur mühsam vom Fleck, er würde, das ließ sich ausrechnen, für seinen Marsch die dreifache Zeit brauchen. Nachdem die Freunde solches vollbracht hatten, zogen sie um Bodins Haus sieben Sperrgürtel, in der Hoffnung, ein Übermaß an Hindernissen könne den Tatzelwurm so sehr entmutigen, daß er umkehre.

Während die Freunde für ihn werkten, nährte Bodin den einzigen Wunsch, daß niemand ihn störe. Er verriegelte die Haustür, schloß die Läden und verzog sich in ein Kämmerchen, das keine Fenster hatte. Läuten, Pochen, Rufen beachtete er nicht; die Zettel im Briefkasten, mit denen die Freunde ihm ihre Erfolge meldeten, blieben ungelesen. Bodin hatte viel Hartbrot eingelagert und ein Fäßchen gesalzener Butter; davon ernährte er sich, und von dem Wein, der ja auch nahrhaft ist. Er lag angezogen auf dem Bett, trank Wein, aß ein wenig und spielte mit einem kleinen Pferd aus Holz, das er auf dem Speicher gefunden hatte. Woran er dachte und ob er überhaupt dachte, hätte er nicht zu sagen gewußt. Er war nicht froh, aber auch nicht bedrückt.

Es ist an der Zeit, daß wir uns dem Tatzelwurm zuwenden, denn auch er war ja ein lebendes Wesen, wenngleich ein garstiges. Ach, es ging ihm nicht gut. Er war alt, uralt, und müde. Er wußte, daß er bald sterben werde, und fürchtete sich davor, denn Tatzelwürmer sterben einen schweren Tod. Zudem war er es leid, den Henker zu machen. Viel lieber hätte er, wie seine Artgenossen, die letzte Spanne Lebens in einem dunklen, feuchten Erdspalt verdämmert. Da er an seinem Amt keinen Geschmack fand, hatte er nichts dawider, daß man ihm Hindernisse in den Weg legte; nicht ungern zog er die Sache hin. Freilich ärgerte er sich auch an den Sperren, weil sie ihn anstrengten. Er war sich uneins, ob er beweisen solle, daß es mit seinen Kräften noch nicht so übel bestellt sei, oder ob es besser sei, sie zu schonen. Am liebsten wäre er umgekehrt und hätte seinen lästigen Herrn, den Pelzhändler Maffa, aus der Welt geschafft.

Der Tatzelwurm ahnte nicht, daß Maffa drauf und dran war, ihn zurückzurufen. Seit Tagen hatte der Pelzhändler jegliche Lust an dem Strafgericht verloren. Der Zorn gegen Bodin war jählings erloschen, und seine Rache erschien ihm ebenso töricht wie Bodins Herausforderung. Vielleicht spürte er, was ihm bislang verborgen geblieben war: daß er den Tatzelwurm um keine Stunde überleben werde. Jene müde, trübe Unlust, die das Tier bedrückte, stieg lähmend auch in ihm empor. Nicht anders als Bodin, lag er stumpf auf seinem Bett, unfähig zu jedem Entschluß. Er konnte nicht wissen, daß es für einen Entschluß ohnehin zu spät war. Selbst wenn er den Tatzelwurm hätte zurückrufen wollen, wäre es ihm nicht geglückt, denn dieser hatte sich inzwischen weiter als fünfzig Meilen und damit aus dem Bannkreis entfernt. Er hörte Befehle nicht mehr.

Wiewohl diese Geschichte bald zu Ende geht, wird sie nicht rascher, sondern langsamer. Eine gute Weile hindurch geschah so wenig, daß es dem Bericht kaum verlohnt. Bodin lag auf seinem Bett, aß Butterbrot, trank Wein und spielte mit dem Holzpferdchen. Maffa trank Tee und rauchte; sein dumpfer Zustand ähnelte demjenigen Bodins zum Verwechseln. Der Tatzelwurm unterbrach seine Wanderung immer öfter und immer länger. Die Sperren machten ihm arg zu schaffen; hatte er ihrer drei umgangen oder durchstoßen, mußte er einen Tag ausruhen.

Als Bodins Freunde bemerkten, daß nichts geschah, ließ ihre Teilnahme nach. Sie kümmerten sich wieder um Geschäfte und dachten kaum noch an den Tatzelwurm.

Die Zeit ging hin. Bei all seiner Langsamkeit drang der Tatzelwurm aber dennoch vorwärts, schrittweise, Meter für Meter, Meile für Meile, und erreichte eines Tages die Sperrgürtel. Als er begriff, was man da gegen ihn aufgerichtet hatte, verlor er den Mut. Zwei Tage lang lag er reglos, wie die Pelzhändler.

Am dritten Tag erfaßte ihn ein ungeheurer Zorn. «Ich werde euch zeigen», sprach er bei sich, «daß man mit mir noch zu rechnen hat!» Neue Kräfte strömten ihm zu, er durchstieß die erste, die zweite Sperre und machte sich an die dritte.

Bodin spürte sogleich die Gefahr. Er verließ das Bett, wusch sich, zog seinen Morgenrock an und ging in den Garten. Den Wein ließ er zurück, er wollte nüchtern sterben. Im Garten setzte er sich auf eine kleine Bank, den Rücken nach Norden gewandt; daß von dort der Feind kommen werde, schien ihm gewiß. Er wollte den Anblick des Tatzelwurms vermeiden – rücklings sollte der tödliche Biß ihn treffen.

Weit fort, in seinem großen Haus, fühlte Maffa, daß etwas geschehen sei. Er sprang auf und lief unruhig durchs Zimmer. Ihm war, als habe er plötzlich viel zu tun, sehr viel in sehr kurzer Zeit zu tun, aber er wußte nicht, wo er beginnen sollte. Schließlich setzte er sich an den Schreibtisch, zog die Schubladen hervor und kramte in seinen Papieren.

Bodin mußte lange warten, bis er hinter sich das erwartete Geräusch vernahm. Der Tatzelwurm hatte die letzte, die siebente Sperre durchstoßen und schaufelte sich aus der Erde. Das Licht blendete ihn, die Luft drückte hart in seine Flanken und nahm ihm den Atem. Er legte sich auf die Seite. Ein sonderbares Empfinden durchrieselte ihn: wie wenn sein Leib auf einmal ganz anders beschaffen sei als bisher – anders im Fleisch, anders in den Knochen, anders im Gewicht. «Das vergeht», dachte er. Die Wahrheit aber war, daß er verging.

Langsam wie alles, was er tat, war sein Sterben. Fünf Stunden saß Bodin auf der Bank und lauschte angstvoll auf ein Stöhnen und Röcheln, das er nicht zu deuten wußte. Erst als der Tatzelwurm seinen letzten Atem ausstieß, ging dem Pelzhändler auf, daß er gerettet sei. Im selben Augenblick starb, weit fort, der Pelzhändler Maffa.

Die Freunde halfen Bodin, des Tieres ungefügen Leichnam wegzuschaffen. Sie warfen ihn in eine Felsgrube und schütteten Geröll darauf.

Am Abend, beim Wein, der ihm schmeckte wie nie zuvor, entsann Bodin sich, warum er damals die Forellen geangelt und die Insel betreten hatte: er wollte sein Leben ändern – und das war ihm ja auch einigermaßen gelungen. Wie gründlich es ihm gelungen war, erfuhr er eine Woche später, als ein Notar ihn wissen ließ, Maffa habe ihm seinen ganzen Besitz vermacht, zum Trost für die erlittene Pein.

DAS GRABMAL

Soweit man zurückdenken konnte, hatten die beiden Nachbarländer gegeneinander Krieg geführt. Eine Entscheidung darüber, welches Land das stärkere sei, war jedoch nie gefallen. Erlitt eines eine Niederlage, so pflegte es sogleich einzulenken, und da der Nachbar seiner Sache nicht allzu sicher war, kam es zu einem Vergleich, der bis zum nächsten Grenzgeplänkel dauerte. Es herrschte kein fauler Friede, aber auch kein rechter Krieg. Maßvoll angewandt, hielten die Kräfte einander die Waage.

Das änderte sich mit einem Schlag, als hüben Albinam den Thron bestieg und drüben Mafaldo zur Herrschaft kam. Beide Könige waren jung, voller Ehrgeiz, und ließen sich ungern beraten. Als die Minister es versuchten, wurden sie vorzeitig aufs Altenteil gesetzt, und junge Leute rückten in ihre Ämter ein. Gleich darauf entbrannte ein Krieg, der mit großer Erbitterung geführt wurde. Man soll hinterher nicht sagen, Albinam habe bessere Soldaten gehabt oder er sei der klügere Feldherr gewesen. Er hatte Kriegsglück, und da jedes Glück verdient ist, kam es ihm redlich zu. Ehe Mafaldo sich versah, war sein Heer geschlagen, befand er sich samt seinen Ministern und Generälen in Albinams Hand. Der Sieger machte aus zwei Ländern ein einziges Land, das nun doppelt so mächtig war und sich vor der Welt sehen lassen konnte.

Was aber sollte mit Mafaldo geschehen? Albinam sann lange darüber nach. Er konnte den besiegten Gegner rasch oder langsam töten lassen, damit seine Person keinen Aufruhr nähre, er konnte ihn verbannen und sorglich überwachen lassen. Beides gefiel ihm nicht, denn er wollte öffentlich dartun, daß er Mafaldo nicht die geringste Bedeutung beimesse.

Er ließ den Gefangenen vor sich bringen und sprach zu ihm: «Du bist ein König, der sein Land verloren und auf

Erden nichts mehr zu erhoffen hat. Als mein Gefangener wirst du leben, und es soll dir an nichts fehlen, bis der Tod dich heimsucht. Da es dir vielleicht bestimmt ist, ein hohes Alter zu erreichen, wirst du dir sicher inzwischen gern die Tage verkürzen wollen. Was möchtest du tun?»

Mafaldo lächelte. «Nachdem ich nur lebe, um dereinst zu sterben, möchte ich mir gern ein Grabmal bauen.»

Albinam sah den anderen forschend an. «Der Gedanke ist gut, ich hätte ihn dir nicht zugetraut. Es sei: baue du dir dein einziges, dein letztes Haus. Wie kann ich dein Vorhaben fördern?»

«Indem du mir Grund und Boden für das Grabmal, einen ergiebigen Steinbruch, etliche Steinmetzen und eine Schar fleißiger Arbeiter zuweist. Einen Baumeister brauche ich nicht, denn ich habe Muße und Lust genug, selbst die Pläne zu entwerfen.»

«Es ist dir alles gewährt», erwiderte Albinam und entließ den Gefangenen.

Derweil Albinam straff und umsichtig sein großes Land regierte, hub Mafaldo gemächlich an, sein Grabmal zu erbauen. Schon die ersten Arbeiten ließen erkennen, daß es sich um kein geringes Unternehmen handle. Gewaltig waren die Ausschachtungen, welche die Arbeiter vornahmen, und die Grundmauern belegten ein Gelände, auf dem man manchen Palast hätte errichten können. Doch wer das Werk mit Neugier erwartete, mußte sich mäßigen, denn es wuchs überaus langsam heran. Hundert Gesetze mochte Albinam erlassen haben, tausend Beamte mochten gestürzt oder emporgekommen sein, ehe jemand auch nur ungefähr zu sagen wußte, welche Gestalt das Grabmal annehmen werde. Daß es zuunterst breiter sein werde als in der Höhe, ließ sich erraten, aber es war nicht auszumachen, wie es, zunehmend gewaltiger aufragend je ein Ende finden werde.

In jeder freien Stunde, vor allem abends, strömte das Volk herbei und bestaunte die hochgetürmten Steinmassen. Die

Steinmetze und Arbeiter, die den Bau versahen, hatten plötzlich viele Freunde und mehr Verwandte, als sie sich deren entsinnen konnten. Alle Welt wollte von ihnen wissen, wie hoch das Grabmal sich recken möge, wie es innen beschaffen sei und welches Ziel als nächstes erreicht werden solle. Aber die Braven wußten keine rechte Auskunft zu geben, und wer unter ihnen es redlich meinte, verwies bescheiden auf Mafaldo, der nach einem geheimen Plan seine Befehle ausgab, Befehle des Tages und der Stunde, die wenig über das gesamte Werk verrieten.

Die Aufschneider freilich hielten nicht zurück. Sie logen das Blaue vom Himmel herunter und berichteten von Prunk und Herrlichkeit, von geheimen Kammern, die nach Rosen dufteten, von Nischen, die lockende Bildwerke bargen, von Bädern, in denen blaue Wellen schlugen, und von einem Katafalk aus köstlichem Marmor, der auf goldenen Rädern durch die Gänge rollte und einem Toten Freuden schenken sollte, die ein Lebender kaum erwarten darf. Was war da Lug, was Wahrheit? Der Aufwand gebärdete sich so mächtig, und das steinerne Gehäuse verhieß derart viel, daß alles geglaubt ward, was gutwillig geglaubt werden konnte – das und noch mehr. Nicht nur die Bewohner des Landes kamen herzu, um ehrfürchtig das Grabmal zu bestaunen, nein, auch Fremde scheuten Kosten und Mühen nicht und reisten von weither, um Mafaldos Grabmal zu sehen. Von dem trefflich regierten Lande sprach niemand mehr, das Grabmal aber war in aller Munde.

Versteht es recht, wenn wir nun berichten, daß sich in Albinams Herz Eifersucht gegen Mafaldo regte. Ich mühe mich ums Leben, dachte der Herrscher unwillig, und mein Gefangener richtet den Blick auf sein Ende. Was ich erbaue, wird hingenommen, wie wenn es sich so gehöre; was er treibt, entzündet die Gemüter, als ginge es um ihr Seelenheil. Soll gar das Unnütze dem Nützlichen voranschreiten? Ich arbeite, er spielt und gewinnt sein Spiel. Ich werde mitspielen, damit man sieht, daß ich auch das kann, auch das Unnütze.

Er begab sich allein, ohne die eisenstarrende Schar, die ihn sonst umgab, zu Mafaldo und trug diesem Beistand an. Doch Mafaldo war nicht gewillt, den Sieger in sein Spiel einzulassen.

«Nein», sprach er und lächelte höflich, «das ist nicht vorgesehen, und solltest du es erzwingen wollen, so brichst du dein königliches Wort. Mir ward zugesagt, daß ich mein Grabmal bauen dürfe, wie ich es will, ohne jedes fremde Zutun und ohne jede Einmischung. Daran halte ich mich und wünsche mir, daß auch du dich daran hieltest.»

Albinam runzelte die Brauen. «Ich hätte dich töten können und kann es auch jetzt, denn du bist in meiner Hand. Daß du mich beim Worte nimmst, ist wahrlich nicht großherzig, ich habe mich anders verhalten. Was hast du dawider, daß ich Einsicht in dein Grabmal gewinne, daß ich ein Stockwerk nach meinen Plänen baue, ein Stockwerk oder auch nur ein kleines Kämmerchen?»

«Ich will es nicht!» entgegnete Mafaldo und wandte sich ab. «Mein Land ist dein Land geworden, aber mein Grabmal soll dich nicht preisen. Du hattest Glück in dieser Welt, ich werde es fürderhin haben. Wenn du gestorben bist, lebe ich weiter.»

Albinam blickte düster vor sich hin. «Ist es wahr», sprach er langsam, «daß dein Katafalk auf goldenen Rädern dahinrollt?»

«Man sagt es», erwiderte Mafaldo, «aber man munkelt so vieles, und was die goldenen Räder angeht, so sind es freiwillige Gaben.»

«Die dir das Volk gespendet hat?» fuhr Albinam auf.

«Die mir das Volk gespendet hat», erwiderte Mafaldo und senkte bescheiden das Haupt.

Albinam dachte nach. «Um welchen Preis», sprach er, «würdest du mir dein Grabmal abtreten? Um den Preis deines Landes, ja?»

«Um keinen Preis», gab Mafaldo zur Antwort, und damit war die Unterhaltung beendet, denn es steht einem Sieger wahrlich nicht an, dem Besiegten etwas abzuhandeln.

WER IST MAN?

Als Herr Boras um halb elf Uhr vormittags ins Erdgeschoß seines Hauses hinabstieg, kam er sich federleicht vor und verspürte unbändige Lachlust. Am Abend vorher hatte er mit einem Freunde tüchtig getrunken, zuerst Wein, dann Schnaps, dann Bier, dann alles durcheinander. Es war wohl ein bißchen viel gewesen, denn auf den Heimweg konnte er sich durchaus nicht mehr besinnen. Wozu auch? Er hatte heimgefunden, das stand fest, das genügte, er war spät aufgestanden, und nun erwartete ihn drunten das Frühstück. Das Frühstück? Das Spätstück! Erwartete das Spätstück ihn oder erwartete er das Spätstück? Vielleicht lauerten sie beide aufeinander. Die Vorstellung, daß er das listige Spätstück sogleich überrumpeln werde, erheiterte Herrn Boras, er prustete los wie ein Zerstäuber. Es war sein letztes Lachen an diesem Tage.

Im Erdgeschoß angelangt, beschloß Herr Boras, einen Blick in den Garten zu tun. Er hörte seine Frau in der Küche hantieren, doch zog es ihn zu ihr nicht hin. Leute, die früh aufgestanden sind, haben eine hohe Meinung von sich und behandeln Spätaufsteher streng, verletzend oder gar hämisch. Ein Garten hingegen ist die reine Güte; er schaut einen nicht an, sondern läßt sich anschauen. Er ist da, nur da und sehr grün. Grün aber braucht der Mensch, weil es ihn erfrischt – Grünes sehen, ist fast so gesund wie Grünes essen.

Herr Boras erging sich ein wenig im Garten. Als er zu den Himbeersträuchern kam, gewahrte er seinen Hund, der eifrig ein Loch in die Erde scharrte. Er pfiff ihm. Das Tier hielt inne, äugte und lief herbei. Anstatt aber freudig an seinem Herrn hochzuspringen, umkreiste es ihn drohend, mit bösem Geknurre und Gebell

Er hat etwas gegen mich, dachte Herr Boras. Vielleicht wittert er den Alkohol, der mir aus den Poren dunstet. «Komm her!» befahl er und klopfte begütigend an sein Bein, doch der Hund nahm es für eine Herausforderung – er schnappte nach ihm, und als Herr Boras zuschlug, biß er ihn in die Hand. Zorn packte diesen, gleich darauf aber Angst. Am Ende war das Tier tollwütig! Er trat den Rückweg an, um mit seiner Frau darüber zu reden. Langsam nur kam er von der Stelle, denn er mußte den Hund im Auge behalten; einem Kreisel gleich, drehte er sich seinem Hause zu.

«Was tun Sie in unserem Garten?» schrillte es, und als Herr Boras sich umwandte, blickte er in das Gesicht seiner Frau. Er konnte nicht lange hinblicken, weil er sich des Hundes erwehren mußte, der ihn nun noch ärger bedrängte.

«Martha!» rief er. «Ihr seid wohl alle verrückt geworden!»

«Noch einmal meinen Vornamen, und ich rufe die Polizei!» Wahrhaftig, so sprach sie mit ihm. Es war nicht zu glauben: eines kurzen Rausches wegen verleugnete sie die lange Ehe.

«Wer ist der Onkel?» erkundigte sich eine Kinderstimme. Herrn Boras traf das besonders schmerzlich, denn er liebte seinen Sohn. Und nun hatte man den Jungen aufgehetzt!

«Hinaus!» rief die Frau.

«Hinaus!» schrie der Knabe, mutig im Schutz der zornigen Mutter, und der Hund bellte dasselbe. Alle Drei rückten gegen Herrn Boras vor. Da gab der Mann nach, wie ein Dieb verließ er sein eigenes Grundstück.

Ratlos durchschritt er die Straße, bog um die nächste Ecke, ging weiter, bog wieder ein und so fort, eine ganze Weile lang; seine Gedanken wollten sich gar nicht ordnen. Plötzlich fiel ihm ein, er könne sich vielleicht am Abend zuvor, bei der trunkenen Heimkehr, übel betragen und den Abscheu seiner Familie erregt haben. Wahrscheinlich war das freilich nicht, aber es war immerhin möglich; im Rausch ist vieles möglich, eigentlich alles.

Vielleicht, überlegte Herr Boras, hat Kilch mich gestern nach Hause gebracht, vielleicht weiß er mehr. Ich werde ihn fragen.

Der Freund wohnte nicht weit; fünf Minuten später läutete Herr Boras an seiner Tür. Kilch öffnete und blickte Herrn Boras kühl an. «Sie wünschen?» fragte er.

«Kilch!» rief Herr Boras. «Was soll der Unsinn?»

Der Andere zog ein spöttisches Gesicht. «Das frage ich mich auch!» sprach er und warf die Tür zu.

Selbst der Freund stand gegen ihn! Was mochte geschehen sein, daß alle Türen sich vor Herrn Boras schlossen?

Ich blicke nicht durch, gestand sich der Arme. Zu den Meinen kann ich nicht zurück, jedenfalls heute nicht, die waren gar zu böse. Wo aber soll ich nächtigen? Bei Carlo natürlich. Er ist der bessere Freund, ich hätte es wissen sollen, wir kennen uns seit der Schulzeit, das bindet.

Carlo aufsuchen, hieß eine kleine Reise tun, und daran war allmählich der Umgang mit dem Freunde erloschen. An diesem Tage aber überwand Herr Boras seine Trägheit, er fuhr eine gute halbe Stunde, bis er bei Carlos Wohnung anlangte. Auf der Treppe stolperte er. Schlecht! dachte Herr Boras. Schon den ganzen Tag stolpere ich.

Er läutete. Schritte kamen näher, die Tür ging auf, der Schulfreund zeigte sich. «Ich kaufe nichts!» sagte er unfreundlich. «Ich bestelle nichts, ich unterschreibe nichts, ich habe kein Geld. Guten Tag!» Die Tür fiel ins Schloß. Während Herr Boras die Treppe hinabstieg, überkam ihn abermals das Empfinden, er sei federleicht und schwebe. Auch die Lachlust meldete sich wieder, doch war es eine andere als vorhin.

Auf der Straße – endlich, endlich! – begriff Herr Boras, was geschehen sei: ihm war, kurz gesagt, die Gleichheit mit sich selber abhanden gekommen. Er hatte seine Vergangenheit eingebüßt wie eine Brieftasche, er konnte sich nicht mehr ausweisen. Sonderbar! dachte Herr Boras. Zwar lebe ich, doch scheint es, als hätte ich nie gelebt, denn es sind keine Spuren geblieben. Und dabei war ich von meinem Dasein so fest überzeugt! Nein, es kann keine Einbildung gewesen sein. Wie aber habe ich das alles verloren? Vielleicht durch eine ungeschickte Bewegung?

Richtig, so wird's sein: ich bin aus dem Weltplan herausgerutscht und passe nun nirgends mehr hinein. Jeder Komet ist planmäßiger als ich.

Inzwischen war es ein Uhr nachmittags geworden. Obwohl Herr Boras, wie er meinte, dem Gefüge der Welt nicht mehr angehörte, spürte er Hunger, denn um diese Zeit pflegte er zu essen – sofern er überhaupt von Gepflogenheiten reden durfte. Er hielt Umschau nach einer Gastwirtschaft, doch damit stand es in dieser Gegend nicht zum besten; der abgelegene Vorort war nur zum Wohnen eingerichtet.

Trübe schritt Herr Boras an vielen Gärten, an vielen Häusern vorbei; manche ähnelten ungemein dem Hause, das er bislang für das seine gehalten hatte. Deshalb war er auch nicht sonderlich erstaunt, als eine Frau sich aus einem Fenster beugte und ihm zurief: «Zeit, daß du kommst! Die Suppe steht schon auf dem Tisch.»

Ohne lange zu überlegen, klinkte Herr Boras die Gartenpforte auf und trat ein; er hatte Hunger. An der Haustür sprang ihm ein Knabe entgegen. «Vati, es gibt Eierkuchen!»

«Fein, mein Junge!» erwiderte Herr Boras. Er streifte den Staub von den Schuhen, warf seinen Hut an den Haken, gab der Frau einen flüchtigen Kuß, setzte sich zu Tisch und begann die Suppe zu löffeln. Während des Essens betrachtete er die Frau und den Jungen, vorsichtig, damit es ihnen nicht auffiel, denn sie hielten ihn offenbar für den Hausvater. Die Frau war nicht übel, und auch der Junge gefiel ihm; das Essen schmeckte gut.

Ach was, dachte er, Familie ist Familie, die Hauptsache bleibt, man hat eine. Ich kann von Glück reden, daß ich wieder untergeschlüpft bin, es sah vorhin trübe aus. Gewiß, ich habe mir die Beiden hier nicht ausgesucht, doch was sucht man sich schon aus? Man wählt ja immer, wie man muß. Nein, nein, der Tausch ist ganz gut, er verspricht sogar einiges – zumindest Abwechslung.

«Was schaust du uns so an?» fragte die Frau. «Hast du etwas auszusetzen?»

Herr Boras wischte sich die Lippen mit dem Mundtuch ab. «Im Gegenteil, alles ist in bester Ordnung.» Er griff in die Obstschale, nahm einen Apfel und begann ihn zu schälen. Bald, das wußte er, würde er sich eingewöhnt haben. Vielleicht hatte er immer schon hier gelebt und sich das andere Dasein nur eingebildet. Wer weiß schon genau, ob er träumt oder lebt?

Es läutete. «Bleib sitzen!» sprach die Frau, stand auf und ging hinaus. Da sie die Tür angelehnt ließ, konnte man genau hören, was im Flur vor sich ging.

«Wohin? Was soll das!» erklang streng die Stimme der Frau. «Sofort hinaus – oder ich rufe meinen Mann!»

«Du bist wohl nicht bei Trost!» antwortete eine Männerstimme. «Laß die Späße, ich habe Hunger.»

«Hier ist keine Armenküche. Hinaus! Ich werde Sie lehren, mich zu duzen!» Nun, der Streit ging weiter, doch nicht lange. Der Mann räumte das Feld, und die Tür knallte hinter ihm zu.

Mit rotem Gesicht trat die Frau wieder ein. «Solch eine Frechheit! Und du stehst mir natürlich nicht bei.»

«Der Bursche tat mir leid», entgegnete Herr Boras. «Sicherlich plagte ihn der Hunger oder er hat unser Haus mit dem seinen verwechselt.»

«Verwechselt?» rief die Frau. «Der hat bestimmt kein Haus, auch keine Familie.»

Herr Boras erhob sich eilig. «Eben darum will ich ihm ein Mittagessen spendieren. Ich bin sofort zurück.» Er lief hinaus und holte den Fremden an der Gartenpforte ein. Der Mann war bleich vor Erregung, seine Augen blickten verwirrt.

«Ich kann mir denken», sprach Herr Boras, «wie Ihnen zumute ist, und ich will helfen.» Er zog sein Notizbuch, kritzelte eine Zeile und riß das Blatt ab. «Hier, mein Freund, haben Sie eine gute Adresse. Fahren Sie hin, aber rasch – sonst wird das Essen kalt.»

Der Andere nahm den Zettel, fand jedoch keine Worte. Er hätte sie auch nicht mehr anbringen können, denn Herr Boras enteilte bereits.

«Du bist viel zu gutmütig», meinte die Frau, als er eintrat. Herr Boras setzte sich und nahm den Apfel wieder vor. «Durchaus nicht. Ich habe nur vorsorglich gespendet. Was heute ihm passiert, kann morgen mir zustoßen.»

Am nächsten Tag fuhr Herr Boras in die Stadt und suchte die Straße auf, in der er gewohnt hatte. Als er bei seinem Hause vorbeischritt, sah er seine Frau mit dem Anderen im Garten sitzen. Die Frau strickte, der Mann las die Zeitung; beide schauten zufrieden drein. Da war auch Herr Boras zufrieden.

AUF DEM STERBELAGER

Es war so weit. Der alte, reiche Herr Wartenau lag auf dem Sterbebett, und der Saal, in dem man es aufgerichtet hatte, war angefüllt mit Menschen, die ihm den Abschied gaben.

Herr Wartenau wußte nicht, wie lange er schon im Sterben lag. Er dämmerte vor sich hin und schlief mitunter tief ein. Wenn er wieder zu sich kam, blieb ihm verborgen, wie lange er geschlummert hatte: Minuten oder Stunden oder gar einen halben Tag. Er besaß kein rechtes Gefühl mehr für die Zeit, und er bedurfte dessen auch nicht, denn er näherte sich einem Zustand, der aller Zeit entrückt ist. Verdrießlich war sein langsames Sterben nur für die Anderen.

«Nie habe ich», dachte Herr Wartenau, «eine frische Feige gegessen, noch warm von der Sonne, nie einen gebackenen Igel, wie die Zigeuner es tun. Nie habe ich ein Korallenriff gesehen, nie einen Schwertfisch, nie ein neugeborenes Maultier.» Der Gedanke an das Verpaßte machte ihn traurig und spann sich fort. «Vielleicht», sann er vor sich hin, «hätte ich Männer lieben sollen und nicht Frauen.»

Auf ein Zeichen seines ältesten Sohnes stimmten die Klageweiber ihren Gesang an. Er blinzelte aus den Augenwinkeln zu ihnen hinüber. «Zwei von ihnen», dachte er, «habe ich einst geschwängert. Aber damals waren sie noch ansehnlich – das glaubt mir heute keiner.»

Er richtete den Blick auf sein abgelaufenes Leben und bedachte, ob es denn sinnvoll gewesen sei. «Fest», überlegte er, «stand eigentlich nur der Tod, und der kommt jetzt auf mich zu. Alles andere war zufällig. Als ich mir den linken Arm brach, hätte es ebensogut der rechte sein können – oder das Genick.» Jetzt sangen die Greise, auch sie bezahlte Leute, das große Sterbelied. Ihre zittrigen Stimmen mißfielen ihm. «Genug!» flüsterte er, und sein ältester Sohn winkte ab. Die Greise verstummten, beleidigt, denn wenn sie schon Geld bekamen, wollten sie sich auch vernehmen lassen. Im Grunde mochte niemand sie hören; zwar hieß es, ihr Jammerchor treibe das Sterben voran, doch dessen war man nicht sicher.

Herr Wartenau schlief wieder ein. Er erwachte von einem scharfen Geruch, der ihm in die Nase stach. «Sie verbrennen Wacholder», dachte er, «weil das billiger ist als Sandelholz. Und dabei hinterlasse ich wahrlich viel.» Er fragte sich, ob er zeitlebens seine Taten gewollt oder ob er ohne sein Wissen fremde Befehle ausgeführt habe, doch es war nicht auszumachen. «Du hast getan, was ich dir eingab», sagte jemand. Herr Wartenau öffnete die Augen und sah vor sich einen dünnen Mann, den er nicht kannte. Der Mann war durchsichtig – er hätte so, wie er stand, den Blick auf die Klageweiber verdecken müssen, aber Herr Wartenau sah sie ganz genau.

Was der Dünne da für sich in Anspruch nahm, verdroß den Sterbenden. «Ich glaube dir nicht», sagte er. «Meine Geschäfte habe ich allein ausgedacht, und meine Vorliebe für Tomaten kam aus mir selbst.» Der dünne Mann lachte. «Ich esse», sprach er, «nichts als Tomaten. Auch das stammt von mir.»

«Einen Schnaps!» rief Herr Wartenau. Seine älteste Tochter schenkte ihm ein Gläschen ein. «Dein letztes!» flüsterte sie, halb mitleidig, halb streng. Herr Wartenau trank das Glas aus, und siehe: der dünne Mann war verschwunden.

Herr Wartenau richtete sich ein wenig auf. «Wo ist der Notar?» fragte er. «Ich will mein Testament ändern.»

«Nein!» schrien die Erben. «Das geht nicht mehr. Du segnest bereits das Zeitliche.»

«Laßt ihn doch!» riefen Alle, die bislang kein Legat erhofft hatten. «Vielleicht ist sein Kopf jetzt besonders klar.»

Der älteste Sohn nickte dem Kapellmeister zu, und der Mann verstand sofort. «Nummer sechs!» rief er und hob den Taktstock. Da spielten sie den lautesten aller Totenmärsche, jenen dumpfen, stoßenden, der die Baßgeiger und

Paukenschläger in Schweiß brachte. Herr Wartenau wußte, wie töricht die Erben mit seinem Geld umgehen würden, er kannte ihre nichtigen Gelüste. «Meinetwegen», dachte er und beschied sich. Es war niemand im Saal, dem er Verstand zugetraut hätte, auch Jenen nicht, die leer ausgingen.

«Ich sterbe», dachte Herr Wartenau, «ohne zu wissen, wie einem Mörder zu Mute ist. Ich hätte, dieser Erfahrung halber, jemanden umbringen sollen, doch nun kann ich es nicht mehr.» Indem er dies dachte, fiel ihm bei, daß er sein Leben lang immer geträumt hatte, er habe einen Menschen erschlagen. Und immer hatte er nach dem Erwachen sich mühselig überzeugen müssen, daß keine Schuld auf ihm laste. Er wußte also, wie einem Mörder zu Mute ist. «Seltsam», dachte er, «daß ich es vergessen konnte.»

Die Musiker spielten jetzt ein Stück für Flöten, Harfen und Ratschen. Mitten in diese Instrumente pflegte man, damit das Sterben rascher vonstatten gehe, ein Totenglöckchen läuten zu lassen. Es half nicht immer, aber es half oft, und auch Herr Wartenau erlag der Aufmunterung. Er starb ein bißchen, nur ein ganz kleines bißchen, und nur für kurze Zeit.

Er schwamm durch die Luft und drang durch Gestein, er war ein Tropfen Wasser, ein Kristall, eine Alge, er wurde gestreckt, gefaltet, gepreßt, geweitet, er verspürte eine schmerzliche Klarheit und eine wohlige Eintrübung, er war ein Igel, den man auf einem Holzfeuer röstete, aber auch eine Dirne, die sich niemandem verweigern durfte. Er sah etwas, das einem Nordlicht glich, er hatte die Empfindung, daß er sich allem entziehen könne und alles hinnehmen müsse, er war ein Wanderer in den Gebirgen der Tiefsee, er verging wie Reisigfeuer – und wachte wieder auf.

Als er in die Runde blickte, las er aus den Gesichtern, daß man ihn aufgegeben hatte und nun enttäuscht war. «Zu früh gefreut!» dachte er. «In China verehrt man nichts höher als einen alten, weisen Mann. In anderen Gegenden schickt man alte Männer auf hohe Bäume und schüttelt sie herunter wie

Roßkastanien – oder man wirft sie den Krokodilen vor. Hier ist es nicht viel anders.»

Daß Herr Wartenau alt war, stand außer Frage. Fraglich blieb nur, ob er auch weise sei und in China verehrt worden wäre. Da ihm Zweifel kamen, verlangte er abermals, mit fester Stimme, einen Schnaps.

Dieses Mal reichte seine jüngste Tochter ihm das Glas. «Dein letztes!» flüsterte auch sie. «Es ist Gift für dich.»

«Eurer Ungeduld», dachte Herr Wartenau, «kann das wohl nur recht sein.» Im übrigen wußte er, daß Schnaps ihm keinen Schaden tat. Wie gesund Gifte sind, hatte er schon in jungen Jahren entdeckt und danach gelebt. Er hatte sich, zu seinem Vorteil, nie geschont, und es war ihm gut bekommen. Was also sollte das läppische Gerede?

Als das nächste Musikstück anhub, eines für Trompeten und Trommeln, erlosch das Licht im Saal. Herr Wartenau wußte, was dies bedeutete: nichts anderes nämlich, als daß man, des langen Wartens überdrüssig, ein Ende machen wollte. Irgendeiner unter den Trauergästen würde ihn erwürgen, erstechen oder erschlagen, zur Erleichterung Aller, die hier unnütz ihre Zeit vertaten. Herr Wartenau zauderte nicht lange. Er rollte von seinem Sterbelager herab und kroch unter das hochbeinige Möbel. Gleich darauf hörte er über sich ein dumpfes Getümmel, auch Schmerzensschreie, als habe Einer den Anderen verletzt.

Bei den letzten Takten des Musikstückes wurde es wieder hell im Saal. Jeder befand sich an seinem Platz – sogar Jene, die sich so eifrig hervorgetan hatten. Herr Wartenau kroch unterm Sterbelager hervor, richtete sich auf, schenkte sich selbst einen Schnaps ein und schickte sie Alle, wie sie da standen, nach Hause.

Er lebte noch elf Jahre und lebte so gut, daß er fast nichts hinterließ, als er wirklich starb.

DIE FLIEGE

Nicht jeder Raum eignet sich zum Nachdenken, und wenn man hundert Räume besitzt, muß man herausfinden, welcher von ihnen die Gedanken am meisten fördert. Sooft der Sultan von Tubodin über etwas nachsinnen wollte, begab er sich in die Grüne Kammer, legte sich auf ein Sofa und schloß die Augen; fast immer kam er zu guten Einsichten. Allerdings mußte es in der Kammer ganz, ganz still sein – vor allem durfte dort nie eine Fliege summen, denn dieses Geräusch war dem Sultan verhaßt.

Der Sklave Maurus hatte dafür zu sorgen, daß in die Grüne Kammer keine Fliege drang. Ein bequemes Amt, wird Mancher sagen, ein Faulenzerposten, wie er nur im Morgenland vergeben wird. Doch damit tut man dem Sklaven Maurus Unrecht. Zum einen hatte er sich das Amt ja nicht erwählt, sondern es war ihm, der in seiner Heimat als ein kundiger Baumeister galt, vom Schicksal auferlegt worden, und er litt unter der Erniedrigung. Zum anderen ist es gar nicht so leicht, im Orient Fliegen aus dem Zimmer zu halten.

An dem Tage, von dem hier berichtet wird, ruhte der Sultan in der Grünen Kammer auf dem Sofa und sann vor sich hin. Maurus, der mit seiner Fliegenpatsche bei der Tür stand, war unruhig. Er wußte es nicht geradezu, aber er ahnte, er argwöhnte, daß irgendwo eine Fliege sitze, und konnte nur hoffen, daß sie sich nicht zeige. Doch da hörte, da sah er sie schon. In taumeligen Kurven flog sie einher und summte wie eine Hornisse.

Der Sultan schlug die Augen auf. «So liederlich», sprach er, «versiehst du dein Amt! Wie soll ich nachdenken, wenn das Zimmer voller Fliegen ist?»

«Verzeiht, Herr», antwortete Maurus. «Es ist nur eine einzige Fliege, und ich werde sie sofort erlegen.»

Der Sultan blickte nach einem Tisch aus Jaspis, auf dem vielerlei Kostbarkeiten standen. «Wende die goldene Sanduhr um. Solange der Sand rieselt, hast du Zeit, die Fliege zu töten. Gelingt es dir nicht, stirbst du.»

Es war eine kurze Frist, denn das goldene Ding diente als Zeitmaß für die Ansprachen, die der Sultan an seine Minister richtete; in sechs Minuten lief der Sand durchs Glas. Mit zitternder Hand kehrte Maurus die Sanduhr um und begann eine Jagd, die keinen guten Ausgang versprach. In der Grünen Kammer standen auf sieben langen Tischen unzählige Kunstgegenstände, an den Wänden hingen Ampeln, Waffen und geschnitzte Figuren: lauter Verstecke für die Fliege, sichere Verstecke, weil Maurus nichts beschädigen durfte.

Die Fliege stieß ans Fenster, zweimal, dreimal, und Maurus schlich hinzu. Als sie erneut gegen die Scheibe fuhr, schlug er nach ihr; doch er verfehlte sie. Mit empörtem Gesumm stürzte und wirbelte die Fliege umher, sie führte sich auf wie eine Besessene. Obwohl ein winziges Wesen nur und des Denkens nicht fähig, spürte sie genau, daß man ihr ans Leben wollte. Zudem war es die Stunde, in der alle Fliegen der Welt, auch wenn sie sich nicht bedroht fühlen, unsinnige Tänze aufführen – die Stunde vor Sonnenuntergang.

Die Fliege in der Luft zu treffen, schien unmöglich. Blitzschnell schoß sie dahin und änderte in einem fort die Richtung. Maurus behielt sie im Auge, er betete im stillen, sie möge sich endlich niedersetzen. Es kam ihm jetzt nicht mehr darauf an, ob er mit seiner Patsche etwas beschädigte: wenn er nur das leidige Insekt dabei erschlug. Da setzte sich die Fliege nieder, und es war, als vermöge sie doch zu denken, denn nunmehr befand sie sich jenseits aller Gefahr. Sie saß auf der rechten Schulter des Sultans.

Maurus blickte auf die Sanduhr und sah, daß sie zur Hälfte abgelaufen war. Was sollte er bloß tun? Es ging nicht an, den Sultan von Tubodin mit der Fliegenpatsche zu treffen, und wer es dennoch unternahm, mußte mit einem qualvollen Tode rechnen. Da war der flinke Säbel des Henkers noch das kleinere Übel.

Der Sultan lag mit geschlossenen Augen auf dem Sofa, er tat, als sinne oder träume er vor sich hin; er weidete sich jedoch an der Verzweiflung des Sklaven. Er horchte auf dessen Schritte und suchte zu erraten, wie es um die Fliegenjagd stand. Als er Maurus nicht mehr gehen, die Fliege nicht mehr summen hörte, wurde er unmutig. Am Ende gelang es dem Tölpel, sich im allerletzten Augenblick zu retten! Der Sultan konnte nicht wissen, daß die Fliege auf seiner eigenen Schulter saß, daß sie seinen hohen Schutz genoß.

Maurus stand reglos, er hatte keine Hoffnung mehr. Ohne hinzuschauen, sah er, wie die Sanduhr drüben ihm eilig das Urteil ausfertigte. Vor seinen Augen wuchsen Häuser empor, Rathäuser und Handelshöfe und Getreidespeicher, eine ganze Stadt, die er hätte bauen wollen und die nun ungebaut blieb, einer Fliege wegen. Indem er dies dachte, hob die Fliege sich von des Sultans rechter Schulter und kreiste in der Luft. Gleich darauf fuhr sie nieder, dicht an Maurus vorbei. Sie streifte die Fliegenpatsche, flog das Sofa an, lief darüber hin, stieg erneut auf und setzte sich schließlich auf des Sultans rechtes Knie. Dort verhielt sie.

Ein wilder Zorn befiel Maurus. «Wenn ich ohnedies sterben muß», dachte er, «soll auch der Sultan sterben. Er ist nicht allzu kräftig, es wird leicht sein, ihn zu erwürgen, und hinterher werde ich mich aufhängen.» Aber schon kam ihm ein neuer Gedanke: «Meine Tat wird sicherlich nicht gleich entdeckt. Ich fliehe – vielleicht habe ich Glück, nach so viel Unglück.»

Er trat leise auf den Sultan zu und streckte seine Hände aus. Sie zitterten nicht, wie vorhin, als er die Sanduhr umgewendet hatte, sie waren ganz ruhig. Jetzt kam es darauf an, den Hals des Sultans rasch und fest zu umklammern, damit ihm kein Schrei mehr entfahre. In diesem Augenblick verließ die Fliege ihren Sitz, zog einen Halbkreis und ließ sich auf der Stirn des Sultans nieder. Der Sultan schlug nach ihr, die Fliege fiel auf das Sofa herab.

Im Zuschlagen öffnete der Sultan die Augen. Er sah die Hände des Sklaven dicht bei seinem Hals und erkannte, was Jener mit ihm vorhatte. «Du willst mich töten?» fragte er.

Maurus nickte. «Ich wollte es, Herr, weil ich um einer Fliege willen sterben sollte.»

Als dem Sultan aufging, wie nahe ihm der Tod gewesen, erschrak er. Sein Herz pochte, er wurde bleich. Einer Fliege wegen, sann er und konnte es gar nicht fassen, einer kleinen Fliege wegen wäre ich ums Haar ermordet worden.

Er brauchte ein Weilchen, bis er seine Stimme wiederfand. Dann sprach er: «Daß du mich töten wolltest, lassen wir beiseite. Fest steht, daß nicht klar entschieden worden ist, ob du dein Leben verwirkt hast oder nicht, denn als ich die Fliege erschlug, war die Frist noch nicht abgelaufen. Oder irre ich mich?»

«Ich weiß es nicht, Herr», erwiderte Maurus. «Ich habe zuletzt den Anblick der Sanduhr gemieden.»

«Wir wollen», fuhr der Sultan fort, «den Fall zu Ende bringen. Du wendest jetzt noch einmal die Sanduhr; dann rennst du, so schnell du kannst und so weit du kommst, um dein Leben. Sobald die Zeit um ist, schicke ich meine Aufseher und die Jäger mit den Hunden hinter dir her. Faßt man dich, gehörst du dem Henker.»

Maurus tat, wie ihm befohlen war. Er kehrte die Sanduhr um, stürzte aus der Grünen Kammer, rannte die Treppen hinab, durcheilte die Höfe, die Tore und erreichte im Nu die engen Gassen der Stadt. Alle, an denen er vorüberschoß, hielten ihn für den schnellsten Kurier des Sultans.

In der Grünen Kammer lief die Sanduhr aus. Der Sultan griff nach einer Glocke, um die Aufseher herbeizuläuten; da sah er, was er nicht glauben mochte. Die Fliege auf dem Sofa, die er tot gewähnt, hatte sich erholt, sie kroch umher. Als sie sich gar in die Luft schwang und auf ihn zuflog, duckte er sich wie unter einer Gefahr. «Ein Zeichen!» dachte er furchtsam. «Eine Warnung! Ich soll nicht läuten.»

So kam es, daß die Jagd auf den Sklaven Maurus unterblieb, daß er bald darauf seine Heimat erreichte und wieder ein Baumeister wurde.

DER FRIEDLICHE HERZOG

Die Herzogtümer Alfa und Tapiolo hatten einander seit je bekriegt, doch nie so nachdrücklich, daß es zu einer Entscheidung gekommen wäre. Es blieb bei kleinen Kämpfen, die nicht viel Opfer forderten – kaum mehr, als ein Turnier es tut. Im Tal von Selassa aber geschah etwas, das alles änderte. Was dort als Gefecht begann, weitete unversehens zur Schlacht sich aus; wer Waffen trug, wollte dabei sein, und so maßen die beiden Länder wirklich ihre Kräfte. Vermutlich war der Herzog von Tapiolo der bessere Feldherr; es kann aber auch sein, daß er einfach Glück hatte oder daß seine Soldaten sich tapferer schlugen. Jedenfalls siegte er, nahm den Herzog von Alfa gefangen und besetzte sein Land.

Der Herzog von Alfa war es froh, daß er nicht mehr zu regieren brauchte. Da saß er, aller Mühsal enthoben, in einem Turmzimmer des Schlosses von Tapiolo und hatte endlich die Muße, die er sich immer ersehnt. Ein Wärter hielt ihm die Welt vom Leibe, eine Magd brachte das Essen. Wenn man von dem Gitter absah, war der Blick aus dem Fenster schön, und am Morgen durfte der Gefangene ein Stündchen im Garten spazierengehen. Was wollte er mehr?

Er wollte nicht mehr, es genügte ihm. Er las viel, schrieb seine Gedanken nieder, wiewohl sie es nicht verdienten, hielt sich vier Singvögel, preßte Blumen, die er im Garten gepflückt hatte, studierte die Sterne und sagte das Wetter voraus. Obgleich der Wärter seine Künste gering einschätzte, hörte er sich die Voraussagen höflich an und tat hinterher, als hätten sie aufs Haar gestimmt. Er war ein freundlicher Mann.

Zu seiner Familie sehnte der Herzog von Alfa sich nicht hin. Die ungeliebte Frau hatten seine Eltern für ihn ausgesucht, und an den Kindern, die hochmütig waren und aufsässig, fand er wenig Gefallen. Als er erfuhr, daß die Seinen, vom Sieger geschont, in einem Forsthaus wohnten und nichts entbehrten außer der Freiheit, dünkten sie ihm gut untergebracht. Lieber, als daß er sie um sich hatte, erinnerte er sich ihrer, wenn auch nicht gern. In sein Land zog es ihn nicht zurück; es war ein Land wie jedes andere, und die Leute darin hatten anderen Leuten nichts voraus. Mochten seine Untertanen sich doch an den neuen Herrn gewöhnen, zu ihrem und seinem Frieden.

Wenn der Herzog von Alfa abends aus seiner wohlig geheizten Stube in den Schloßhof blickte und drunten den Herzog von Tapiolo einreiten sah: bleich, durchfroren, das Antlitz voller Sorgen, neidete er die Macht ihm nicht. «Armer Kerl», dachte er. «Nun hat er sich auch noch meine Last aufgebürdet!»

Die Monate gingen dahin, und der Gefangene befand sich wohl – bis zu dem Tag, da der Gärtner, mit dem er öfters plauschte, ihm rasch einen Brief zusteckte. Dem Herzog ahnte nichts Gutes. Er blieb länger im Garten als sonst, unbegierig auf jegliche Nachricht. Doch was half ihm das Zögern? In seine Stube zurückgekehrt, öffnete er den Brief und las ihn. Er kam, wie erwartet, von einigen Männern, die sich seine Getreuen nannten, obwohl er sie bei sich ihres Eides längst entbunden hatte. Das Volk, schrieben sie, stehe zu seinem Herrscher und wünsche ihn zurück. Erscheine er, werde man den Thronräuber im Nu verjagen.

«Wozu wühlen sie, die Ratten?» dachte der Herzog verdrossen. «Es ist doch gleich, wer das Land regiert, und wenn mich nicht alles täuscht, macht der Herzog von Tapiolo es besser – zumindest bemüht er sich mehr als ich. Sie sollten ihm lieber gehorchen.»

Fortan mied er den Gärtner und beachtete seine stummen Zeichen nicht. Doch der Bursche war hartnäckig, war geschickt wie ein Taschenspieler. Er wußte es so einzurichten, daß er den Herzog im Vorbeigehen streifte, und wenn dieser zu Hause seine Joppe auszog, fand er jedes Mal in der Tasche einen Brief. Immer dringlicher wurden die Nachrichten, immer genauer die Angaben, wie eine Flucht zu bewerkstelligen sei.

Als selbst der Herzog einsah, die lästige Treue verdiene Antwort, zwang er sich zu einem Brief und warf ihn am nächsten Morgen dem Gärtner zu. Er sei krank, schrieb er, und schlecht zu Fuß. Zudem binde ihn sein Ehrenwort, keine Flucht zu unternehmen.

Es stimmte nicht, niemand hatte ihm ein Versprechen abgefordert. Die Getreuen wußten es; ihr nächster Brief wischte des Herzogs Einwände achtlos beiseite. Die Stunde sei reif, hieß es, das Volk erwarte den Herzog, und es sei seine Pflicht, zu fliehen. Am Tage darauf werde er, während der Gärtner sich mit dem Wärter befasse, bei der kleinen Gartenpforte ein angepflocktes Pferd finden und auf ihm davonreiten. Unterwegs erhalte er Schutz und Beistand.

Daß man ihn an seine Pflicht mahnte, verstörte den Herzog, denn er wußte, daß es zu Recht geschah. Er sah keinen Ausweg, jedenfalls keinen, der einem Edelmann anstand, und ein solcher war er nun einmal. «So sei es denn!» sagte er betrübt. «Zu schön war es hier, um lang zu dauern.»

Am folgenden Morgen begab sich alles so, wie es geplant war. Der Gärtner stülpte dem Wärter einen Sack aus Filz über den Leib und warf ihn zu Boden. Derweil er ihn fesselte, lief der Herzog zur Gartenpforte, bestieg das Pferd und preschte davon. Kurz darauf floh auch der Gärtner und schlug sich, zu Fuß, in den Wald.

Der Wärter fand, man habe sein freundliches Verhalten übel belohnt. Er brauchte eine halbe Stunde, bis er der Stricke ledig war; der Gärtner verstand sich aufs Knoten – er war Seemann gewesen, bevor er den Gärtner spielte. Als der Wärter sich befreit hatte, nahm er den Sack samt den Stricken unter den Arm, faßte Mut und begab sich zum Herzog von Tapiolo. Finster hörte dieser seine Meldung an, denn er hatte schlechte Nachrichten aus dem eroberten Land. «Ihm nach!» schrie er. «Nimm dir ein Pferd und schaff ihn zurück!»

Der Wärter lief zu den Ställen. Der Herzog befahl seine besten Leute herbei, weihte sie ein und schickte auch sie hinter dem Flüchtling her, mit dem Rat, sich ohne ihn nicht wieder zu zeigen. Als die Männer davonstürzten, ging ihm auf, daß er sich eilends in die unterworfene Hauptstadt begeben müsse, ehe der Herzog von Alfa dort ankam; er machte sich auf den Weg. Alles geschah so rasch, daß niemand im Schloß erfuhr, was hinter dem eiligen Aufbruch stand.

Der Herzog von Alfa war inzwischen nicht weit gekommen. Anfangs ritt er Galopp, wie es einem Flüchtling ziemt. Dann aber hielt er einen leichten Trab für ausreichend, und nicht lange danach ließ er das Pferd im Schritt gehen, damit er besser nachdenken konnte. «Edelmann!» dachte er. «Will das heißen, daß man sein Leben so führen muß, wie man es eigentlich nicht möchte? Ach was, ich pfeife auf meinen Stand, ich bleibe dort, wo es mir behagt.»

Er wandte sein Pferd und ritt zurück, knapp an Jenen vorbei, die ihn suchten. Bei der Gartenpforte sprang er ab, scheuchte das Pferd in den Wald und stieg in sein Turmzimmer hinauf. Er kam zur rechten Zeit – die Magd brachte gerade das Essen.

«Herrlich!» dachte er. «Und getreulich obendrein. Man kann doch nicht einfach verlassen, was man begonnen hat: das Herbarium, das Studium der Sterne und des Wetters, die Aufzeichnungen. Auch das sind Pflichten.»

So nahm er denn, mit einer geringen Unterbrechung, sein ruhiges Leben wieder auf. Den Wärter vermißte man hinfort im Schloß, gewiß, doch fand man nichts dabei. Man erzählte sich, der Herzog sei ein Gefangener auf Ehrenwort und bedürfe der Aufsicht nicht.

Und was war aus seinen Verfolgern geworden? Nun, daß sie ihn nicht gefunden hatten und nicht finden konnten, wissen wir ja. Sie streiften, einzeln oder paarweise, in beiden Ländern umher, vor allem im Herzogtum Tapiolo, und suchten und suchten und suchten. Alle drei Tage, so war es ausgemacht, trafen sie einander in einer abgelegenen Schenke, voller Hoffnung, Einer von ihnen habe die Spur des Flüchtlings entdeckt. Doch damit war es nichts, und weil sie mit leeren Händen nicht zurückkehren durften, betranken sie sich aus lauter Mißmut bis in den Morgen hinein. Am nächsten Tag zogen sie weiter, nun erst recht mißmutig und ganz ohne Hoffnung.

Der Herzog von Tapiolo wagte es nicht, des Feindes Residenz zu verlassen, denn nur dort, in der volkreichen und lebhaften Stadt, konnte ein Aufstand losbrechen. Sein Argwohn machte ihn strenger, als es geraten schien. Er mehrte die Truppen, erließ für den Abend ein Ausgehverbot und wies seine Häscher an, jeden Verdächtigen einzukerkern. Wäre er seiner Sache sicher gewesen und milde dazu, hätte man ihn wahrscheinlich geduldet, um der Ruhe willen. So aber brachte er die Städter gegen sich auf.

Daß er von den ausgesandten Leuten nichts hörte, machte ihn unruhig. Schon sah er sie, die Verräter, sich auf des Gegners Seite schlagen. Er schickte neue Leute aus, sie zu suchen, und war töricht genug, auch ihnen zu sagen, sie sollten unverrichteter Dinge nicht zurückkehren; so blieben sie fort, wie die Ersten. Wie rasch wäre er die Sorgen losgeworden, wenn er sich auf einen Tag in sein Schloß begeben oder von dort Nachrichten erhalten hätte! Er hatte jedoch keine Familie, die ihn heimzog, und der Hausvogt war nicht gehalten, ihm zu schreiben – ganz davon abgesehen, daß er nicht schreiben konnte.

Vollends ratlos waren die Verschworenen. Sie konnten sich nicht erklären, warum der Herzog von Alfa nicht zu ihnen stieß, zumal sie durch den Gärtner wußten, wie gut die Flucht gelungen war. Als man, nach Wochen, in den Wäldern ein verwildertes Pferd auffing und es als jenes erkannte, welches den Herzog getragen, nahmen sie es für gewiß, daß dieser sich zu Tode gestürzt habe.

So sprengten sie denn aus, der Herzog von Alfa sei auf der Flucht umgekommen, und wandten sich der Frau zu, die sie für seine Witwe hielten. Bei ihr fanden sie Gehör. Das eintönige Leben im Forsthaus behagte ihr nicht, sie wollte ihren ältesten Sohn auf dem Thron sehen, sie wollte durch ihn das Land regieren. Geschickter, als ihr Mann es unternommen hätte, betrieb sie den Umsturz, und er gelang. Wenn ein ganzes Volk sich erhebt, in allen Städten und Dörfern, zur selben Stunde, kommt auf jeden Feind eine Handvoll entschlossener Männer; ihrer kann er sich nicht erwehren. Fünf Stunden nach Beginn des Aufstandes war das Land befreit, und der Herzog von Tapiolo saß im Kerker.

Die Kunde erreichte den Herzog von Alfa, als er gerade auf das Mittagessen wartete; die Magd brachte sie ihm, zusammen mit einem Hasenbraten. «Verflucht!» rief er und achtete des leckeren Gerichtes nicht. «Verflucht sei der Ehrgeiz meiner Frau! Verflucht der gelungene Aufstand!» Er hatte es nicht schwer, die Magd zu bereden, denn sie war ihm schon lange zugetan. Hastig, als sei die Hölle hinter ihnen her, packten die Beiden ihre Bündel und machten sich davon.

Die Herzogin von Alfa und Tapiolo war überaus erstaunt, als sie vernahm, wo ihr Mann sich aufgehalten hatte. Wiewohl ihre Späher Monate lang nach dem Herzog suchten, fanden sie ihn nicht – wozu freilich bemerkt werden muß, daß man ihnen nicht eingeschärft hatte, sie sollten ihr Äußerstes tun.

Warum ich schreibe? Fast möchte ich antworten: weil ich sonst nichts kann. Aber ganz so arg ist es nicht, ich habe da so Einiges ~~gelernt~~ erlernt. Sagen wir also: weil ich gern schreibe – wenn auch nicht viel.

Geschrieben habe ich, seit ich das ABC beherrschte – zuerst Märchen und kleine Geschichten dann (für den Hausgebrauch) kurze, satirische Zweiakter, ~~dann Tagebücher, dann Artikel über Kunst, dann eine Dissertation dann~~ dann längere Abenteuergeschichten, dann Tagebücher, dann Artikel über Kunst, dann eine Dissertation.

Nebenher zeichnete und malte ich. Als ich zu meinem Erstaunen das Abitur hinter mir hatte wollte ich Maler werden. Vorsichtshalber studierte ich aber auch Kunstgeschichte, befasste mich mit moderner Kunst (bei Matisse fing ich an) und frequentierte Kunstschulen, staatliche und private; das

Als ~~mein~~ Studium kein Ende nehmen wollte, wurde mein Vater energisch; er setzte mir eine Frist, und die hielt ich ein. Nach der Promotion versuchte ich mich im Berliner Kunsthandel. Aber dann kam die Wirtschaftskrise von 19
Die Kunsthändler entließen ihre Kunsthistoriker, die ohnehin nur dekorative Figuren waren.

Was wird ein Kunsthistoriker, wenn er keine akademische Laufbahn im Sinn hat und das Museum ihn nicht lockt? Er wird Journalist, Kritiker, Essayist. Ich schrieb für „Die Weltkunst", alles Mögliche: Ausstellungsberichte, Interviews, Feuilletons, auch kleine Geschichten. An der „Vossischen Zeitung" setzte ich das fort, eine Etage höher. Es war meine eigentliche Lehrzeit.
Mein Thema (der florentiner Manierist Rosso) verlangte Studienreisen ins Ausland; ich unternahm sie gern.

Handschriftlicher Entwurf zu «Wie mit der Lupe»

WIE MIT DER LUPE

Warum ich schreibe? Fast möchte ich antworten: weil ich sonst nichts kann. Aber das wäre ein kokettes Understatement. Man hat eben doch, so nebenbei, Einiges erlernt und sich da und dort nützlich gemacht, schon deshalb, weil Geld heran mußte. Sagen wir also: ich schreibe, weil ich gern schreibe – mit der Zurücknahme, daß ich nicht gern viel schreibe.

Warum ich schreibe? Wunderliche Frage. Weil ich meine Geschichten nicht für mich behalten mag, weil sie verlangen, daß ich sie sprachlich ausforme. Der intime Umgang mit den Sprache ist sehr aufregend, ein Abenteuer, das man allein bestehen muß. Was sich einem feilbietet, inhaltlich, formal, taugt meistens nicht viel. Die deutsche Sprache ist bei all ihrem Reichtum, ihrer Schmiegsamkeit, ihren noch unentdeckten Möglichkeiten so verderbt, daß man sie zur Hälfte über Bord kippen kann. Dafür haben die Juristen, die Beamten, die Kaufleute und die Parlamentarier gesorgt. Deutsch schreiben, heißt demnach vor allem Verwerfen – oder Weglassen, wie es Max Liebermann vom Zeichnen gesagt hat. Was dann bleibt, bleibt vielleicht – vielleicht.

Die kleine Prosa, gedrängt, gefeilt, scheint mir auferlegt zu sein; ich habe immer wie mit der Lupe gearbeitet. Darum kommen, außer einigen Novellen, nur Kurzgeschichten aufs Papier, sehr kurze Kurzgeschichten. Mein Ehrgeiz war seit jeher das Konzentrat, an dem nichts mehr zu kürzen ist, es sei denn, man streicht auch es und unterläßt das Schreiben. Die Lyriker werden geringschätzig lächeln, wenn ich sage, daß ich durch Rhythmus und konzisen Ausdruck in die Nähe des Gedichts gelangen wollte. Es stimmt ja auch nicht ganz, denn ich erzähle, ich sorge für Handlung. Es mag der Grund sein, warum die Ballade mir so zuwider ist: ein viel zu langes, pompöses, unlyrisches Gedicht, das erzählt.

Theoretiker der modernen Kurzgeschichte postulieren, sie solle die Handlung auf ein Minimum beschränken, und ihr Ende müsse offen sein. Derlei habe ich auch gemacht und den gezielten Schluß vermieden, die Pointe, wie sie früher üblich war. Heute denke ich anders darüber. Ich entwickle Handlung, ich bringe einen richtigen Schluß, der jedoch keine Pointe ist, sondern sich wie von selbst einstellt; unmerklich steuert alles auf ihn hin. Eine Kurzgeschichte, meine ich, sollte sich runden. Sie muß es durchaus nicht, aber es ist freundlich von ihr, wenn sie es tut.

Ich bin im Norden geboren, in Schweden, ganz zufällig; mein Vater hatte da einen Job. Ebenso zufällig habe ich meine Kindheit im Süden verbracht, in Portugal; mein Vater war versetzt worden. Nun, Hans Christian Andersen kann man überall lesen. Es kamen noch andere Eindrücke hinzu: eine italienische, eine brasilianische Kinderzeitung mit lauter Bildergeschichten *(comics* nennt man sie heute), Filme aus der Frühzeit des Kintopps und Märchen, die unsere Hausnäherin erzählte. Das summierte sich zu einem Fundus an Fabeln, an Bildern, von dem ich – zum Teil – heute noch lebe. Man wird ja nie aus seiner Kindheit entlassen.

Meine ersten Geschichten schrieb ich, als ich das ABC begriffen hatte. Es waren Märchen, wie meine späten Geschichten auch: nämlich unrealistische und deshalb sehr wirkliche, unromantische Gebilde, kurios und hart. Als ich auf die Oberschule ging, schrieb ich kleine, komische Theaterstücke, die wir zuhause aufführten. Nach dem Abitur besuchte ich in München Malschulen, staatliche, private, und studierte Kunstgeschichte. Als Student schrieb ich, für mich, Aufsätze über moderne Kunst. Matisse war meine erste Begegnung mit ihr, Paul Klee meine erste, lebenslange Liebe. Obwohl der Expressionismus regierte, machte ich mir nicht viel aus ihm.

Ich fürchte, ich habe zu lange studiert – und nicht das, was man von mir erwartete, weder in München, noch später in

Berlin. Mein Vater wurde unmutig, setzte mir eine Frist und verbannte mich nach Freiburg. Diese liebliche, langweilige Stadt war nur zu ertragen, wenn man arbeitete. Ich wurde emsig. Als Dissertation wählte ich ein Thema, das Studienreisen in viele Länder Europas forderte; so kam ich ein bißchen herum. Dann schrieb ich die einzig seriöse Arbeit meines Lebens, eben die Dissertation. Sie befasste sich mit einem Manieristen, dem Florentiner Maler Rosso, der nach Fontainebleau ging, weil Michelangelo dazu keine Lust hatte.

Nach der Promotion fand ich einen Brotberuf, im Berliner Kunsthandel, und bewies, daß ich nicht zu brauchen sei. Zwar kaufe ich gern, wie jeder Mensch, aber ich kann nicht verkaufen, und gerade dies sollte ich. Von der Wirtschaftskrise auf die Straße gesetzt, schrieb ich für Zeitschriften und Zeitungen: Kunstkritiken, Artikel, Feuilletons, auch hin und wieder eine Geschichte; aber richtige Geschichten waren es noch nicht. Die schrieb ich erst, als ich nicht mehr schreiben mußte, weil ich inzwischen Redakteur geworden war. Ich war es acht Jahre lang, bis die Wehrmacht nach mir verlangte.

Im Spätsommer 1936 trank ich mit dem Maler Werner Gilles irgendwo an der Ostsee eine Flasche Schnaps. Er schenkte mir, was ich schon lang begehrte, ein Flaschenschiff. Bald darauf schrieb ich die Erzählung «La Botella», die von einem Flaschenschiff handelt, und hinfort habe ich immer wieder Geschichten verfaßt. Die Presse brachte meine Arbeiten, aber ein Verleger fand sich nicht, denn Erzählungsbände sind nicht beliebt – nicht beim Publikum und daher auch nicht bei den Verlegern, die ihre Hand am Puls des Publikums haben. Schließlich aber zeigte der Verlag Rowohlt Mut – oder er wollte öffentlich dartun, daß sogar ein Erzählungsband ihm nichts anhaben könne. Jedenfalls brachte er mein erstes Buch heraus, und seither sind wir einander treu geblieben.

Im Frühjahr 1943 steckte man mich in eine Uniform; ich trug sie zwei Jahre hindurch, bis zur Kapitulation, und brachte es zum Gefreiten des Zweiten Weltkrieges. Ich war ein friedlicher Soldat, den man in Frieden ließ; wo immer ich hinkam, wurde nicht geschossen. Am Brenner geriet ich in amerikanische Kriegsgefangenschaft und dann, abermals auf zwei Jahre, in ein Arbeitslager bei Neapel. Nie hätte ich auf eigene Kosten mich so lange in Süditalien aufhalten können. Das erste Jahr war ruppig, das zweite erträglich, sofern Gefangenschaft überhaupt erträglich ist. Ich gab eine Lagerzeitung heraus. Man mußte sie stehend lesen, denn sie erschien nur in einem Exemplar, und das hing am Schwarzen Brett. Ich hielt Vorträge, auch in anderen Lagern, und lehrte Sprachen, die ich selbst nicht beherrschte.

Als Soldat und als Kriegsgefangener schrieb ich nichts. Aber ich machte mir Notizen und entwarf Erzählungen. Nach Deutschland entlassen, widerstand ich der Versuchung, erneut Redakteur zu werden. Alles, was sich in den vier Jahren angestaut hatte, kam jetzt in Fluß; damit meine ich den Füllfederhalter. Man sieht daraus, daß es gar keinen Zweck hat, Schriftsteller gefangen zu halten oder sie sonstwie zu behindern – sie schreiben hinterher umso mehr.

Auch Hörspiele schrieb ich (man kreide sie mir nicht an), sogar Libretti. Im Feuilleton war kein Thema sicher vor mir. Doch das trägt nicht viel ein, wenn man karg produziert. Deshalb nahm ich wieder einen Brotberuf an und schrieb – wie einst – nebenher. Im Grunde bin ich zeitlebens ein Sonntagsschreiber gewesen. Meine Erzählungen sind Kavaliersdelikte.

Dennoch hält man mich für einen Professional. Bin ich das? Ein knappes Dutzend Bücher, darunter solche, die sich mit Kunst befassen, kann ich nicht wegleugnen, sie stehen im Regal, und wenn alles gut geht, folgen Nachzügler; dies ist eine Drohung. Ich wollte Maler werden und wurde ein Kunsthistoriker, der über Maler schrieb. Ich wollte Schriftsteller werden und wurde Redakteur, Lektor, Herausgeber, ein Mann also, der sich mit Schriftstellern befaßt. Was ich geschrieben habe, geschah heimlich; es war vielleicht unerlaubt. Der Himmel möge es mir verzeihen – und der Leser auch.

Wer wider Erwarten meine literarische und journalistische Produktion kennt, dem bleibt nicht verborgen, daß ich (als Schreiber) nicht zu den Engagierten zähle. Warum? Weil es genug Schriftsteller gibt, die das besser verrichten, als ich es könnte. Unpolitisch oder apolitisch bin ich jedoch nicht; ich gehe zur Wahlurne. Ich mache kein Hehl daraus, daß ich eher links stehe; wo, ist nicht genau lokalisierbar. Die Partei, mit der ich mich identifizieren würde, gibt es nicht.

In der Familie freilich gelte ich als konservativ, weil ich auf Ordnung und Pünktlichkeit und Gleichmaß halte. Solche Menschen wirken pedantisch. Sogar Autorität – ich darf es gar nicht laut sagen – übe ich aus, so gut es mir gelingt. Wenn eine kleine Karawane durchs Leben zieht, bestimmt der Anführer. Meiner Frau gefällt das nicht immer; sie versetzt mich spöttisch in die Feudalzeit. Wenn sie mir grollt, hält sie noch frühere Epochen bereit: dort, meint sie, gehöre ich hin. Es trifft mich jedoch nicht, weil ich keinen Zeitsinn habe; mir ist jede Epoche recht.

Dabei hat meine Frau keinen Grund zur Klage, denn wir teilen uns in die Herrschaft. Mein Patriarchat steht auf schwachen Füßen; ich weiß, daß das Matriarchat älter und mächtiger ist – und segensreicher. Was die Kinder über den Karawanenführer denken, weiß ich nicht. Vielleicht betrachten sie mich mit milder Skepsis, mit Toleranz. Dies wäre schon viel, denn wo wird noch Nachsicht geübt? In meinem Hause, hoffe ich.

QUELLENNACHWEIS

Die vorliegende Ausgabe stützt sich auf die im folgenden genannten Quellen. Die Zahlen in eckigen Klammern bezeichnen das Entstehungsjahr der jeweiligen Erzählung.

Kurt Kusenberg: *Gesammelte Erzählungen*, Reinbek bei Hamburg: Rowohlt 1969 – «Die gläserne Stadt» [1954], «Villa bei Nacht» [1959], «Herr G. steigt aus» [1954], «Kein Tag wie jeder andere» [1966], «Ein verächtlicher Blick» [1962], «Im falschen Zug» [1957], «Die Audienz» [1957], «Ein dummer Mensch» [1939], «So soll ein Buch nicht sein» [1963], «Die ruhelose Kugel» [1939], «Die Weissagung» [1955], «Herr über Nichts» [1963], «Der Tatzelwurm» [1959], «Wer ist man?» [1949], «Auf dem Sterbelager» [1962], «Die Fliege» [1957], «Der friedliche Herzog» [1962].

Kurt Kusenberg: *Heiter bis tückisch: 13 Geschichten*, Reinbek bei Hamburg: Rowohlt 1984 – «Das Haus» [1972].

Kurt Kusenberg: *Der blaue Traum und andere sonderbare Geschichten*, Stuttgart u. a.: Rowohlt 1949 – «Das Grabmal» [um 1940]

Die anstelle eines Nachworts herangezogene Betrachtung «Wie mit der Lupe» wurde abgedruckt in Richard Salis (Hrsg.): *Motive,* Tübingen und Basel: Erdmann 1971, S. 214 bis 218. Der hier abgedruckte Text folgt allerdings nicht der Buchausgabe, sondern dem mit handschriftlichen Korrekturen des Verfassers versehenen Originaltyposkript.

ZEITTAFEL

1904	Am 24. Juni 1904 wird Kurt Kusenberg als erster Sohn des Ingenieurs Karl Kusenberg und seiner Frau Emilie in Göteborg geboren.
1906	Die Familie siedelt nach Lissabon um.
1911–1914	Besuch der Deutschen Bürgerschule in Lissabon
1914	Ausbruch der Revolution in Portugal. Die Kusenbergs kehren wieder nach Deutschland zurück.
1922–1928	KK will erst Maler werden, entschließt sich aber zu einem Studium der Kunstgeschichte an den Universitäten München, Berlin und Freiburg. Studienreisen führen ihn nach Italien, Spanien, England und Frankreich, vor allem nach Paris.
1928	Doktorexamen an der Universität Freiburg; Thema der Dissertation ist der manieristische Maler Le Rosso.
1931–1934	Kunstkritiker, Feuilletonist und Mitarbeiter der *Vossischen Zeitung*
1934	Heirat mit der sieben Jahre älteren Margarete «Gretl» Szelinski
1935–1943	Stellvertretender Chefredakteur der Zeitschrift *Koralle*
1936	Die ersten Erzählungen erscheinen in Zeitschriften
1940	Nach vielen Ablehnungen erscheint bei Rowohlt der erste Erzählband *La Botella*; die Einbandzeichnung stammt von Alfred Kubin.
1941	Geburt der Tochter Brigitte
1942	*Der blaue Traum* erscheint.
1943	Einberufung zum Wehrdienst, als Kraftfahrer
1945–1947	Bei Neapel in amerikanischer Kriegsgefangenschaft
1947–1956	KK lebt in Bühl und in München

1947–1956	Freier Schriftsteller und Lektor des Rowohlt Verlages (Stuttgart) Arbeit für Presse und Rundfunk, Mitarbeiter der *Neuen Zeitung*, später der *Süddeutschen Zeitung*, Drehbuch- und Hörspielautor und Librettist
1951	*Die Sonnenblumen*
1952	KK wird Mitglied des PEN-Zentrums der Bundesrepublik Deutschland
1953	Scheidung von Gretl Szelinski
1954	Heirat mit Beate Möhring
1955	Geburt der Tochter Barbara *Wein auf Lebenszeit* *Mit Bildern leben*
1956–1983	Lektor und Herausgeber der Reihe «rowohlts monographien» in Hamburg, daneben freier Schriftsteller und Journalist
1956	*Lob des Bettes* *Wo ist Onkel Bertram?*
1958	Geburt des Sohnes Sebastian Im März erscheint die erste Bildmonographie, über Heinrich von Kleist
1960	*Im falschen Zug*
1964	*Zwischen unten und oben*
1965	*Der ehrbare Trinker*
1969	*Gesammelte Erzählungen* *Gespräche ins Blaue* Journalistische Arbeiten, Artikel und Essays
1971	*So ist das mit der Malerei*
1974	*Heiter bis tückisch*
1975	KK erhält das Bundesverdienstkreuz I. Klasse
1983	Im Alter von 79 Jahren stirbt KK am 3. Oktober 1983 in Hamburg

BIBLIOGRAPHIE ZU KURT KUSENBERG

I. Primärliteratur

1. Werk

1.1 Prosa

Rosso Fiorentino. (Dissertation: Albert-Ludwigs-Universität zu Freiburg im Breisgau). Straßburg: Heitz & Cie 1931.

Le Rosso. Paris: Albin Michel 1931.

A Propos: Das komplizierte Dasein. (Pseudonym Simplex). Berlin: Weltkunst 1932.

La Botella und andere seltsame Geschichten. Stuttgart, Berlin: Rowohlt 1940.

Der blaue Traum und andere sonderbare Geschichten. Stuttgart, Berlin: Rowohlt 1942.

Herr Crispin reitet aus und andere Erzählungen. Münster: Der Quell 1948.

Das Krippenbüchlein. Zeichnungen von Asta Ruth-Soffner. Stuttgart: Hatje 1949.

Die Sonnenblumen und andere merkwürdige Geschichten. Hamburg: Rowohlt 1951.

Mal was andres. Eine Auswahl seltsamer Geschichten. Hamburg: Rowohlt 1954.

Wein auf Lebenszeit und andere kuriose Geschichten. Hamburg: Rowohlt 1955.

Mit Bildern leben. 27 Kapitel über Malerei und Maler. München: Piper 1955.

Wo ist Onkel Bertram? Geschichten. Mit einem Nachwort von Friedrich Luft. Stuttgart: Reclam 1956.

Das vergessene Leben. Gütersloh: Bertelsmann Lesering 1958.

Seltsame Geschichten für Primaner und Sekundaner. Herausgegeben und erläutert von Jean Malosse. Paris: Ophrys 1959.

Nicht zu glauben. Eine Auswahl kurioser Geschichten. Reinbek bei Hamburg: Rowohlt 1960.

Im falschen Zug und andere wunderliche Geschichten. Reinbek bei Hamburg: Rowohlt 1960.

Zwischen unten und oben und andere Geschichten. Reinbek bei Hamburg: Rowohlt 1964.

Alles für die Gäste. Märchen und Humoresken, Satiren und Grotesken. Die Leserunde, Heft 32. Lübeck, Hamburg: Matthiesen 1964.

Gesammelte Erzählungen. Reinbek bei Hamburg: Rowohlt 1969.

Gespräche ins Blaue. Ebenhausen bei München: Langewiesche-Brandt 1969.

So ist das mit der Malerei. Eine Galerie zuhause. Hamburg: Hoffmann und Campe 1971.

Zucker und Zimt: ff. Gereimtheiten von Carl Amery, Kurt Kusenberg und Eugen Oker. Ebenhausen bei München: Langewiesche-Brandt 1972.

Man kann nie wissen. Eine Auswahl merkwürdiger Geschichten. Reinbek bei Hamburg: Rowohlt 1972.

Heiter bis tückisch. 13 Geschichten. Mit Zeichnungen von Heinz Edelmann. Reinbek bei Hamburg: Rowohlt 1974.

Ein schönes Hochzeitsfest. Geschichten. Herausgegeben von Joachim Schreck. Mit Illustrationen von Egmont Schaefer. Ost-Berlin: Volk und Welt 1984.

Die Zählungstheorie. Ordnung muss sein. Gifkendorf: Merlin 1987.

Ordnung muss sein. Großhansdorf: Officina Ludi 1989.

Jedes dritte Streichholz. Großhansdorf: Officina Ludi 1995. (Nachdruck 2014)

Zwist unter Zauberern. Erzählungen. Herausgegeben von Barbara Kusenberg. Mit einem Vorwort von Peter Rühmkorf. Reinbek bei Hamburg: Rowohlt 1998.

Wein auf Lebenszeit. Die schönsten Geschichten. Herausgegeben von Barbara Kusenberg. Reinbek bei Hamburg: Rowohlt 2004.

Glück für Andere. Phantastische Erzählungen. Herausgegeben und mit einem Nachwort versehen von Matthias Wegner. Rheda-Wiedenbrück, Gütersloh: Offizin Bertelsmann 2007.

Herr über Nichts. Sonderbare Geschichten. Coesfeld: Elsinor 2015.

1.2 Gedichte

«Institut für Untiefenpsychologie». (Pseudonym Hans Ohl). In: *Die Neue Zeitung*, Nr. 168, München 1951.

«Brief aus einer heftigen Gegend». In: *Die Neue Zeitung*, Nr. 261, München 1951.

«Vollmond». In: *Die Neue Zeitung*, Nr. 265, München 1951.

«Ich wäre gern». In: *Die Neue Zeitung*, Nr. 307, München 1951.
«Apotheke für alles». (Pseudonym Hans Ohl). In: *Die Neue Zeitung*, Nr. 55, München 1952.
«Zu Ostern». In: *Die Neue Zeitung*, Nr. 87/88, München 1952.
Wie man die Woche verbringt: Ein immerwährender Acht-Tage-Kalender für die Freunde des Rowohlt-Verlages. Reinbek bei Hamburg: Rowohlt 1975.

2. *Aufsätze und Erzählungen in Zeitschriften und Zeitungen (Auswahl)*

«Rosso Fiorentino». In: *Old Master Drawings 3* (1929), S. 62-63.
«Bücher von außen». (Pseudonym Karl Kuber). In: *Weltkunst* 29 (20.03.1932).
«Calisse und das Schicksal». (Pseudonym Simplex). In: *Weltkunst* 7 (12.02.1933).
«Der Fund». In: *Vossische Zeitung*, Nr. 541, Berlin 24.11.1933.
«La Botella». In: *Die Dame* 17 (1936).
«Begegnung mit Herrn v. M». In: *Die Dame* 9 (1937).
«Über den Unsinn». In: *Merkur* 1 (1947/48), S. 956-957.
«Konrad mit dem Windchen». In: *Die Zeit*, Nr. 30, Hamburg 26.07.1951.
«Und wenn wir leben wollten?» In: Schwarz, Georg/Tralow, Johannes (Hrsgg.): *Worte wider Waffen: Schriftsteller mahnen zum Frieden.* München: Weismann 1951, S. 80-82.
«Nirgends zeigt sich Sinn. Ein Selbstporträt». In: *Welt und Wort* 9 (1954), S. 268.
«Über die Kurzgeschichte». In: *Merkur* 19 (1965), S. 830-838.
«Warum ich nicht wie E. T. A. Hoffmann schreibe». In: Schultz, Uwe (Hrsg.): *Fünfzehn Autoren suchen sich selbst. Modell und Provokation.* München: List 1967, S. 72-83.
«Das Buch Hiob. Stichworte bei meiner Lektüre». In: *Merkur* 23 (1969), S. 543-546.
«Nekrolog auf einen Miniaturisten». In: Kramberg, Karl Heinz (Hrsg.): *Vorletzte Worte. Schriftsteller schreiben ihren eigenen Nachruf.* Frankfurt am Main: Bärmeier & Nikel 1970, S. 61-62.
«Wie mit der Lupe». In: Salis, Richard (Hrsg.): *Motive.* Tübingen, Basel: Erdmann 1971, S. 214-218.
Magie des Lesens. Großhansdorf: Officina Ludi 2006.

3. Kurt Kusenberg als Herausgeber

Lob der Faulheit. Eingelobt von Kurt Kusenberg. Ein Almanach für Manager und solche, die es nicht werden wollen. Frankfurt am Main: Bärmeier & Nikel 1955.

Töppfer, Rodolphe: *Der kühle Bräutigam oder Die Abenteuer des Herrn Cryptogam zu Wasser und zu Lande.* Herausgegeben und eingeleitet von Kurt Kusenberg. Hamburg: Rowohlt 1956.

Lob des Bettes. Eine klinophile Anthologie. Mit vielen Bettgeschichten und schönen Bettgedichten. Mit 26 Bildern von Raymond Peynet. Herausgegeben von Hans Ohl (Kurt Kusenberg). Hamburg: Rowohlt 1956.

rowohlts monographien. Herausgegeben von Kurt Kusenberg. Reinbek bei Hamburg: Rowohlt 1958–1983.

Der ehrbare Trinker. Eine bacchische Anthologie. Arrangiert und kommentiert von Kurt Kusenberg. Mit 24 Bildern von Franz Josef Tripp. Reinbek bei Hamburg: Rowohlt 1965.

4. Kurt Kusenberg als Übersetzer

«Bellay, Joachim du: Der Künste Mutter Du, Frankreich …» In: Gauthier, Lucien: *Von Montaigne bis Valéry. Der geistige Weg Frankreichs. Teil 2: Die Gesellschaft und das Vaterland.* Reutlingen: Continental 1949, S. 575.

Prévert, Jacques: «Picasso geht spazieren». In: *Glanz* 1 (1949), S. 21.

Prévert, Jacques: *Paroles. Gedichte und Chansons.* Nachdichtungen von Kurt Kusenberg. Stuttgart, Hamburg, Baden-Baden: Rowohlt 1950.

Prévert, Jacques: «Manöver». Aus dem Französischen übertragen von Kurt Kusenberg. In: *Texte und Zeichnungen* 1 (1955), S. 245.

Thomas, Dylan: «Geh nicht so sanft in diese gute Nacht». In: Read, Bill: *Dylan Thomas.* Reinbek bei Hamburg: Rowohlt 1968, S. 126.

II. Sekundärliteratur

Siering, Johann: «Kurt Kusenberg: La Botella». In: *Europäische Revue* 12 (1940), S. 775.

Jancke, Oskar: «La Botella». In: *Die Literatur* 43 (1940), S. 29.

Lampe, Friedo: «Seltsame Geschichten». In: *Das Reich.* München 31. 08. 1941.

Braun, Frank: «La Botella». In: *Medizinische Welt* 15 (1941), S. 515.

Patera, Paul: «Ein antiromantischer Märchenerzähler». In: *Göteborgs-Tidningen.* Göteborg 20. 07. 1954.

Güttinger, Fritz: «Kurt Kusenberg oder die Flucht vor der Realität in die Wirklichkeit». In: *Die Tat.* Zürich 24. 09. 1955.

Cases, Cesare: «Dopo Kafka». In: *Il Contemporaneo.* Rom 04. 01. 1956.

Luft, Friedrich: Nachwort. In: Kurt Kusenberg: *Wo ist Onkel Bertram? Geschichten.* Stuttgart: Reclam 1956.

Dinaux, C. J. E.: «Kusenberg und das Phantastische». In: *Het Vaderland.* Den Haag 29. 10. 1960.

Bennecke, Bernhard: *Kurt Kusenberg: Nicht zu glauben. Gedanken über Struktur und Stil.* (Staatsexamensarbeit: Technische Universität Braunschweig). Braunschweig 1961.

Wilpert, Gero von: «Kurt Kusenberg». In: *Deutsches Dichterlexikon.* Stuttgart 1963.

Klepzig, Gerd : «Redet sonst fast gar nicht. Kristall bei Kurt Kusenberg». *Kristall* 11 (1964), S. 56.

Luft, Friedrich: «Erfinder der unwahrscheinlichen Wahrheit. Kurt Kusenberg zum 60. Geburtstag». In: *Die Welt.* Berlin 24. 06. 1964.

Nielsen, Gunnar Martin: «Der Mensch ist ein Schelm». In: *Berlingske Aftenavis.* Kopenhagen 01. 02. 1965.

Dellin, Martin Gregor: «Umgang mit Nonsense». In: *Merkur* 19 (1965), S. 897-900.

Kramberg, Karl Heinz: «Die Verwandlungen des Erzählers Kurt Kusenberg». In: *Merkur* 23 (1969), S. 587-589.

Kramberg, Karl Heinz: «Kurt Kusenberg». In: Kunisch, Hermann (Hrsg.): *Handbuch der deutschen Gegenwartsliteratur.* 2. verbesserte und erweiterte Auflage. München: Nymphenburger 1969, S. 410-411.

Ursel, Wolf: *Anmerkungen zu den Geschichten Kurt Kusenbergs.* (Seminararbeit: Johann Wolfgang Goethe-Universität Frankfurt am Main). Frankfurt am Main 1970/71.

Vicari, Ludovica: *I racconti brevi di Kurt Kusenberg.* (Dissertation: Università degli Studi di Milano). Milano 1978.

Pearson, Jean: *The fantastic short stories of Kurt Kusenberg.* (Dissertation: Cornell University). Ann Arbor 1980.

Dittmer, Frank: *Der stille Humor des Kurt Kusenberg. Eine Erinnerung an fast vergessene Prosa der inneren Emigration.* (Hausarbeit: Freie Universität Berlin). Berlin 1983.

Schwinger, Christian: *Kurt Kusenberg. Ontologische Aspekte im literarischen Werk.* Würzburg: Königshausen und Neumann 1992.
Rühmkorf, Peter: Vorwort. In: Kurt Kusenberg: *Zwist unter Zauberern. Erzählungen.* Reinbek bei Hamburg: Rowohlt 1998.